人を知る法、待つことを知る正義

東アフリカ農村からの法人類学

石田慎一郎

勁草書房

人を知る法、待つことを知る正義

——東アフリカ農村からの法人類学

目次

はじめに

いったん土俵を降りて待つこと、待つことで新しい自己理解、他者理解、そして現実理解が得られる可能性があることを、私はケニアの農村で学んだ。ここでいう待つこととは、相手にも自分にも即答即決を求めないことだが、何もせずにただ座して待つのではなく、まわりの環境が変化するなかで自分自身も成長すること。そして、頑なな自分だけの世界を解きほぐして新しい現実理解を手にするまでの道のりに身をゆだねてみることだ。そのような論点からはじめて、そしてここで予告する手法で、人間による正義の希求、法の探究とはいかなるものかについて考えてみることが本書の目的である。

私は、二〇〇一年からケニア中央高地のイゲンベ地方で、またそれに先立つ一九九九年から二〇〇〇年にかけてはケニア西部グシイ地方で、草の根の紛争処理と地方裁判所での慣習法運用を観察し、法の役割そして裁判のあるべき姿を考える、そんな研究に取り組んできた。現地で紛争事例を観察すると、真剣に意見をぶつけあっている者どうしは、どちらも理にかなったことをいっているとわかる。どちらも自分が正しいと確信して真剣にぶつかりあっている。そのため、話しあいのなかでひとつの結論を導くことは難しい。

当事者間で話しあったり、第三者の判断にゆだねたりの方法での解決が難しい問題が起こると、イゲンベの人びとはムーマという方法に訴える。すなわち、調停役の長老たちは、自分が正しいと主張して譲らない当事者に対して、潔白であれば無害だが、そうでなければ恐ろしい災いをもたらすはずの呪物を飲み下すことを求める。数日で呪物の効果が現れることもあるというが、数年あるいは数十年かかることもある。[1]「効果が現れる」とは、じっさいに災いが生じること、正確にいうと自分の過ちのために災いが降りかかったと当事者の一方が理解し、自らの非を認めることである。あるいは、じっさいに災いが起こる以前に自らの過ちを認めることもある。いずれにしても、そのような告白の時点まで待たねばならない。イゲンベの人びとはそう考える。

大きな病気や怪我をする。身内に不幸がある。大切にしているものがなくなる。イゲンベの人びとは、これらの災いには、誰かの過ちあるいは悪意によって引き起こされるものと、[2]そうでないものとがあると説明する。人災と判断する場合、めだって多いのは自分の過ちに起因すると考えるケースで、そのような心当たりがなければ、誰のせいでもないか、あるいは隣人の過ちあるいは悪意による。ただし、不幸の原因を誰かの悪意によるものと決めつけて隣人を告発することは、他の選択肢ほど多くない[3]。

かつてムーマを引き受け、呪物を飲み込んだ者は、時間が経つ間に周囲の環境や自分自身をとりまく人間関係が変化し、自分自身も成長して、もともとの諍いについて新しい理解が得られるようになる。あのときは自分に、あるいは自分にも非があったと反省できるようになる。災いの連鎖を断たなければという恐怖心も働く。その末に、納得して自らの非を認める告白をする。そのような自発的告白を、私自身、滞在先の農村で何度か見聞きした。イゲンベ農村の人びとは、待つことで、いつの日か当事者の自己理解、他者理解、そして事実理解に変化が生じ、結果的に当事者自らの手で合意に辿りつく可能性にかけている。私がこの農村で見たのは、待つことを知る人びとの姿だった。

本書第I部は、待つことを知るイゲンベの人びとの解決方法について、他の比較事例との共通点に着目しながら、オルタナティブ・ジャスティスという/をめぐる本書固有の視点で考察する。そして、次に述べるようなリーガル・プルーラリズムの視点と対比する。リーガル・プルーラリズム論は、異なる背景を持つ複数の法の間の交渉を捉えるが、複数の法の混淆を観察することに留まらずに、そこへの入口――他者との接触――と、そこからの出口――新しい法の創造――とを、ともに議論する。それに対して、オルタナティブ・ジャスティス論は、そのような意味での出口に向かうことをいったん保留して、待つことの意義を考えるものだ。続く

第Ⅱ部と第Ⅲ部は、いずれもリーガル・プルーラリズム論を深める。私の基本的立場は、オルタナティブ・ジャスティスとリーガル・プルーラリズムという二つの視点を総合する学問として法人類学を方向づけることである。[4]

本書は、第Ⅰ部から第Ⅲ部にかけて、それぞれ理論篇と事例研究篇の二つの論文を置いた。主たる論点はそれぞれの前半をなす理論篇において示すが、いずれも事例研究を通じて得られたものであり、かつ事例研究によって補強されるべきものである。

第Ⅰ部後半の第二章は、待つことを知る正義あるいはムーマによる紛争処理の正しさと、それを補強するイゲンベ地方固有の社会的条件をめぐる民族誌的研究である。ムーマにもちいる呪物としての山羊肉には、それを飲み込む当事者にとっての義兄弟の唾液が滲みこんでいる。イゲンベの人びとは、ムーマの力は呪物の力に起因し、呪物の力は唾液を提供する義兄弟（イシアロ）の力に起因すると考える。第二章で論じるように、イシアロの力は、じっさいに唾液を提供する具体的個人の私的能力に由来するものではない。その個人が生まれ落ちた親族集団と、唾液の提供を受ける当事者の属する親族集団との間の相互的な——相互に恐れあう——義兄弟関係、その関係性自体に由来する。

したがって、唾液を提供する具体的個人は、その力を自身の人格と結びつけて私物化してはならない。もっといえば、イシアロとして力を発揮する人物は、自分の人格を覆い隠さなければならない。第二章で述べる民族誌的あるいは人類学的発見は、イシアロ関係固有の平等主義

（互いに恐れあうこと）と非人格性（個を覆い隠すこと）とがムーマの正しさを補強しているということである。このような平等主義と非人格性は、ムーマの正しさのみならず、一般に法の正しさを支えるものとして通用するはずだ。私はそう考えている。

第Ⅱ部と第Ⅲ部の主題とするリーガル・プルーラリズムは、右で述べた意味での入口と出口を見極めるための法理論である。はっきりいっておくと、混淆状態を観察するだけでは法理論としての資格を持たない。本書第Ⅱ部は、他者を知る法理論としてのリーガル・プルーラリズムの研究において独自の貢献をした法人類学者・千葉正士の仕事を再評価する内容である。千葉の仕事は、他者を支配するための法理論を排除し、他者を知る法理論として、そして出口を語る理論としてリーガル・プルーラリズムを探究するものだった。

千葉正士のリーガル・プルーラリズム研究は、彼自身の戦時経験を起点として理解しなければならない面がある。[5] だが、そのような個人史的文脈は他書にゆだね、[6] 本書第Ⅱ部は、前半の第三章において、純粋に法理論の点から千葉のリーガル・プルーラリズム論を再考する。とくに千葉が提示した三つのダイコトミー論を、リーガル・プルーラリズムの入口を観察するツールとして位置づけること、彼がいうところのアイデンティティ法原理を、新たな法創造を導く価値指向性を意味するものと受けとめて、[7] リーガル・プルーラリズムの出口を議論すること、である。加えて主要概念である法主体・固有法・法文化の意味を再考し、新しい展開可能性を考える。とくに人間的法主体（法を使う個人）[8] と社会的法主体（固有の法を抱く社会）とを架橋する、第三の法主体としての裁判官の役割について考えることである。

ケニアは、近隣諸国と同様に、国内各民族の慣習法を国家法の法源のひとつとして公認してきた。事実上、家族法と相続法の領分に限られるが[9]、慣習法の内容を根拠とする訴えが国の裁判所で受理されている。慣習法の具体的内容を把握するうえで拠り所となるのが、植民地時代のアフリカ法成文化事業の成果刊行物『成文アフリカ法』だ。ケニアの裁判所では、これが事実上の慣習法典として扱われている[10]。

第Ⅱ部後半の第四章で分析するイゲンベ地方の裁判所における婚資の未払をめぐる民事訴訟では、『成文アフリカ法』が示すところの婚資の「標準額」を支払うよう命じる判決が導かれるようになった。アフリカ法成文化事業がイギリス人法律家主導で植民地時代に始まったことなどから、植民地時代の遺制を引き継ぐものとみてこれを批判することは可能だ。また、人びとの日常生活のなかで育まれる慣習法を箇条書き形式で、しかもイギリス法の概念を使って抽出することはできないという視点から批判することもできる。

第Ⅱ部第四章は、右のような批判とは異なる視点から『成文アフリカ法』のむしろポジティブな役割について議論する。ひとことでいえば、これが慣習法の内容――婚資の「標準額」[11]――について明確な基準を示すことで、裁判官の恣意的な判断を排除し、法の普遍的適用に寄与するもの、法の確定性に寄与するものと考えられるからだ。もちろんのこと、これは法を機械的に適用することや現時点での『成文アフリカ法』の内容に留まることを是とする論でない。

判決を通じて新しい法の創造を導く裁判官は、社会を記述し、地域固有の法に声を与える人類学的発見を必要としている。私は、そのような発見を提示し、法創造の現場に寄与することも法人類学の役割のひとつだと考えている。

だが、東アフリカにおける法の探究は、リーガル・プルーラリズムにおける入口と出口の探究という点からみれば、右の論点に尽きるものではない。本書第Ⅲ部は、人を知る法としての身分契約に着目し、関連する現代ケニアの裁判事例を分析するが、[12] そこではさまざまな法の呼び込みを促す、形式主義と反形式主義との間の深い次元でのコンフリクトが姿を現している。そうしたなかでの積極的な法の探究、あるいは法の確定性の探究は、法の複雑性を高め、結果的に法の不確定性を生み出すという逆説を伴う。[13] 本書第Ⅲ部の事例は、リーガル・プルーラリズムの入口と出口の両相において、第Ⅱ部の事例よりもはるかに複雑な課題を含んでいる。

他者を知る法としてのリーガル・プルーラリズムは、植民地状況やグローバル化といった時代背景を持つ在来知と外来知との対立としてのみ現れるものではなく、どの時代のどの地域の法にも備わるであろう、一般化指向の形式主義とそれに抗する文脈化指向の反形式主義との対立を土台とする場合がある。ここでは、在来知が形式主義と結びつく場合も、反形式主義と結びつく場合もあるという視点が重要で、これは千葉が三つのダイコトミーという三次元的な枠組をもちいて論証しようとしたことである。

第Ⅲ部前半の第五章は、形式主義と反形式主義の対立を、身分契約の本来的属性として理論的に把握する。婚姻に代表される身分契約は、法学者のうちで「特殊な契約」として位置づけられている。だが、本書はこのような意味での特殊性を自明視しない。ここでのねらいは、モノの法から人の法を引き剝がす目的契約と、純粋に人の法としての身分契約とを対置したマックス・ウェーバーの契約論を題材に、単発的契約／関係的契約、契約自由の原則／義務的贈答の道徳といった形式主義／反形式主義の対概念を、目的契約のみの問題とみなすべきではない点、身分契約それ自体のうちに形式主義／反形式主義の対立が含まれる点を確かめることである。法を通じて人間を理解することは、この二項対立において考えることを伴うのだ。

私がもともとこのような身分契約論に立ちいったのは、一九世紀末から二〇世紀初頭に記録されたイゲンベ地方ならびにアフリカ大陸各地の血盟兄弟分の実例に関する研究を通じてである。だが、血盟兄弟分に関する一次史料は自らそれを体験した白人探検家による武勇伝の類が多くを占めていることもあって、現在時点からの再検証が難しい。本書は第五章であらためて血盟兄弟分に言及するが、同様の理論的考察が可能な婚姻を主たる題材に考察を深める。

第Ⅲ部後半の第六章は、グシイ地方の裁判所の民事訴訟を題材とするが、ここで扱う裁判もまた、イゲンベ地方の事例を分析した第四章と同様に、すべて慣習婚の成立要件としての婚資とその未払を問題化するものである。いいかえると、それは身分契約におけるモノのやりとりをいかに文脈化し、人の法あるいは人を知る法としての本来の姿をどのように理解するのかということである。前述のとおり、リーガル・プルーラリズムの出口を求める困難は、イゲンベの事例よりもグシイの事例において顕著である。

本書におけるグシイの事例（第六章）がイゲンベの事例（第四章）と異なるのは、前者において当事者たちがそれぞれの意見表明に多種多様な法を呼び込み、法的争点を目に見えるかたちで浮き彫りにしたことである。婚姻の形式主義的解釈に対抗する他方の当事者は、婚資の支払（慣習婚の場合）や婚姻届の提出（法律婚の場合）がなされていなくても、夫婦としての生活実体や周囲からの認知があることを根拠に、婚姻関係の存在を認めるべきだと主張する。このように主張する当事者のなかには、「婚姻の推定」を認めたイギリスの判例を引いて形式主義的解釈に対抗する者もいた。その場合、対立軸は、在来知（慣習法）に結びついた形式主義と、外来知（イギリスのコモンロー）に結びついた反形式主義との間にある。

事実上の慣習法典にあたる前述の『成文アフリカ法』は、グシイの場合もイゲンベの場合も、婚資の支払を婚姻の成立要件と位置づけている。そして、それを根拠に人の法をモノの法に還元するかのような婚姻の形式主義的定義が一方の当事者の主張表明を支えている。たとえば、婚姻関係を継続する以上は未払分の婚資をただちに支払えという主張、婚資が未払なので婚姻関係は存在しないとする主張などである。こうした主張は、法を形式的に解釈することによって導かれ、法的には正しいが、道徳的に正しいとはいえない。家畜・現金などからなる婚資は、姻族両家の関係を育むためのアイテムであり、いちどに全額完済するよりは長期にわたる両家関係のなかで少しずつ手渡されるものだ。畏怖すべき相手としての姻族に対して裁判に訴えてまで婚資を要求することは、支払わないことと同じく、あるいはそれ以上に、良好な関係を損なう。

道徳的にみて正しくない主張を退ける結論が、判決理由の妥当性を見極める以前にすでに裁判人（官）たちの脳裏にあったことだろう。裁判人（官）は、第六章で記述する三つの事例のいずれにおいても、婚資未払を根拠に配偶者を排除しようとする側の目論見を認めなかった。だが、婚姻の成立要件をめぐって形式主義的な立場から主張する当事者と、それに対抗する当事者との双方が呼び込む複数の法の間で、法の普遍的適用を期待される裁判所の判断は揺れ動いていた。

人間は法を希求する。第Ⅳ部は、この視点から、第Ⅰ部から第Ⅲ部までの議論を総括しながら、そしてこれまでの研究をふまえ、法人類学という学問の針路について議論する。法の背後に国家の権力を読み解くことは誤りではないが、それは単純な理解だ。法は、たしかに政治的強者にとって支配の手段になりうるが、強者は法によらずとも支配の手段を備えている。他方、弱者にとって、法は目的実現のための貴重な手段となる。これまでの法人類学は、現実の政治プロセスあるいは関係者の交渉過程において動員される法の姿、またそのようなプロセスに働く力関係を、地域的・歴史的文脈のなかで記述する研究に厚い蓄積があった。そのような法の理解はそれ自体誤ったものではない。だが、そのような法の理解には重要な問いが欠落している。人間はなぜ政治を超越するものとしての法を希求するのか、である。

正しさはひとつではない。にもかかわらず／だからこそ、人間は法を希求する。一般化指向の形式主義とそれに抗する文脈化指向の反形式主義との対立、いわば抽象と具体との対立のためか、一人ひとりの個人のあまりにも多様な営みのためか、あるいは正しさをめぐる力のためか。法はそれぞれの世界あるいは社会を語る不純で困難な、しかし必要な筋書きである。人間が集うだけでは、この意味での社会は自然発生しないし、社会を記述する筋書きとしての法もまたひとりでには生まれない[14]。その意味での法の発見は、人を知るために人類学的発見を、自他を知るために待つことを、そして社会を語る、政治的人間としての第三の法主体を必要とする。

第Ⅳ部後半の第八章は、近年の法人類学研究の成果をふまえつつ、同時に法社会学者フィリップ・ノネとフィリップ・セルズニックがいうところの「応答的法」あるいは社会人類学者マックス・グラックマンがいうところの法における確定性と不確定性の逆説《パラドクス》——法は不確定性を内包することで高次元の確定性と普遍的適用を維持することが可能となるとする逆説——などの古典的ともいえる議論に立ちかえる。これらには、政治に抗する法が「政治的人間」を必要とするという、もうひとつの逆説が含まれている。本書最後の論点は、人間が希求し、導く法は、どこまでも不確実で不完全なドグマだということ、そして、それを否定することも、拒否することもできないこと、である。そして／それゆえに、そのような逆説を伴う法の探究には、待つことを知る正義が同時に求められるということ、である。

本書の目的をくりかえしていえば、人間による正義の希求、法の探究とはいかなるものかを、東アフリカの文脈で考えることだ。手がかりは、待つことを知るイゲンベ農村の人びとの営みであり、多種多様な法を呼び込むグシイ農村の当事者たちの訴えであり、千葉正士という一研究者がみた他者を知る法の世界であり、たしかな声でささやく人類学的発見である。

I

待つことを知る正義

第一章　待つことを知る社会の正義
――オルタナティブ・ジャスティスの人類学

1　民族社会の比較から

人が人を裁くことには、根源的な困難がある。かつて滞在したケニア西部グシイ地方の農村[1]において、そして当地で紛争事例を多数観察しているなかで、そう感じた。当事者双方ともに自分が正しいと思ってぶつかりあっているとき、意見対立をおさめるのは容易なことではない。村の寄合で紛争処理を担っている長老たちは、熟慮のうえに結論を導いても、当事者から、その結論が間違っていると非難されてしまう。そして、紛争の処理が新たな対立を生み出してしまう。これはグシイ社会固有の問題というより、人が人を裁くことの根源的な困難に由来するものだと思われる。

その後、場所を変えて、ケニア中央高地のイゲンベ地方で調査を始めた。調査のなかで、イゲンベ社会では、人が人を裁くことの根源的な困難をのりこえるようなやりかたで事件を処理しているとわかった。それは、ムーマ[2]という方法で、次のような手続によるものである。呪われた／いや呪っていない。この土地は私のモノだ／いや私のモノだ。金を貸した／いや借りていない。そんな意見対立の場合に、長老たちは、両方の言い分に耳を傾けるけれども、どちらが正しいかの結論を導かない[3]。そのかわりに、呪物を口に入れて飲み下すことを求める。間違っていたら恐ろしいことがわが身に起こるであろうと述べつつ呪物を嚥下し、公然と自己呪詛をする。すると、間違ったことを言った当事者の身に、将来かならず恐ろしい災いが降りかかるとされる（第二章参照）。

災いは、交通事故かもしれないし、病気かもしれないし、家畜がいなくなってしまうといったことかもしれない。そのような災いは遠くから近づいてくる。そして、少しずつ自分の身に迫る。そうした時が過ぎ、いよいよ恐ろしくなって、あのときは自分が悪かったのだと自身の責任を認める。その時点で、当初の意見対立が解決する。

同じケニアに、イゲンベと似て非なる社会がある。浜本満（二〇一四）の民族誌に描かれたドゥルマ社会では、周囲に災いをもたらす妖術使いだと告発された人物は、呪物を飲み下して、つまり身体をはって自らの無実を証明しようとする。疑われた人が本当に妖術使いならば、飲み込んだ呪物の効果が現れる。その点ではイゲンベの方法によく似ている。しかしながら、イゲンベの事例と違うのは、その効果がその場ですぐに現れることである。口が腫れて息ができなくなり、苦しみ悶える。キラボと呼ばれるこの試罪施術について浜本は、それが「いかさま」である可能性にふれている。呪物を用意する施術師は、容疑者が真犯人であるという直感のもとに、最初から呪物に毒を仕込む。だからすぐに効果が現れるのは当たり前なのだ。しかし、苦しみ悶える容疑者が自らの罪を「自白」すると、毒を仕込んだ施術師は自分の直感の正しさに対する確信をますます高めていく。肉体的苦痛を与えて「自白」を強いる事例である。

以上、グシイ・イゲンベ・ドゥルマの三社会を併置した。これはケニアの三社会の比較である（それぞれの社会の民族誌的理解としては単純化しすぎているけれども）と同時に、もう少し一般的なレベルでの比較を意図している。それは、人が人を裁くことの根源的な困難をどのように受け止めるのかについての、三類型を示すためのものだ。すなわち、グシイは人が人を「裁く社会」（しかしながら「裁ききれない社会」）であり、イゲンベは「裁かない社会」であり、ドゥルマは「裁いてしまう社会」である。

グシイの長老たちは紛争当事者の間の合意をどのように導くかという問いに直面し、人が人を裁くことの根源的困難に真摯に向きあっている。他方、イゲンベの長老たちは、第三者が結論を導く裁判制度の限界を受け止め、自らの手で裁定することをせずに、当事者自身の改心と告白とをどこまでも「待つ」。私は、この二つの社会が、リーガル・プルーラリズムとオルタ

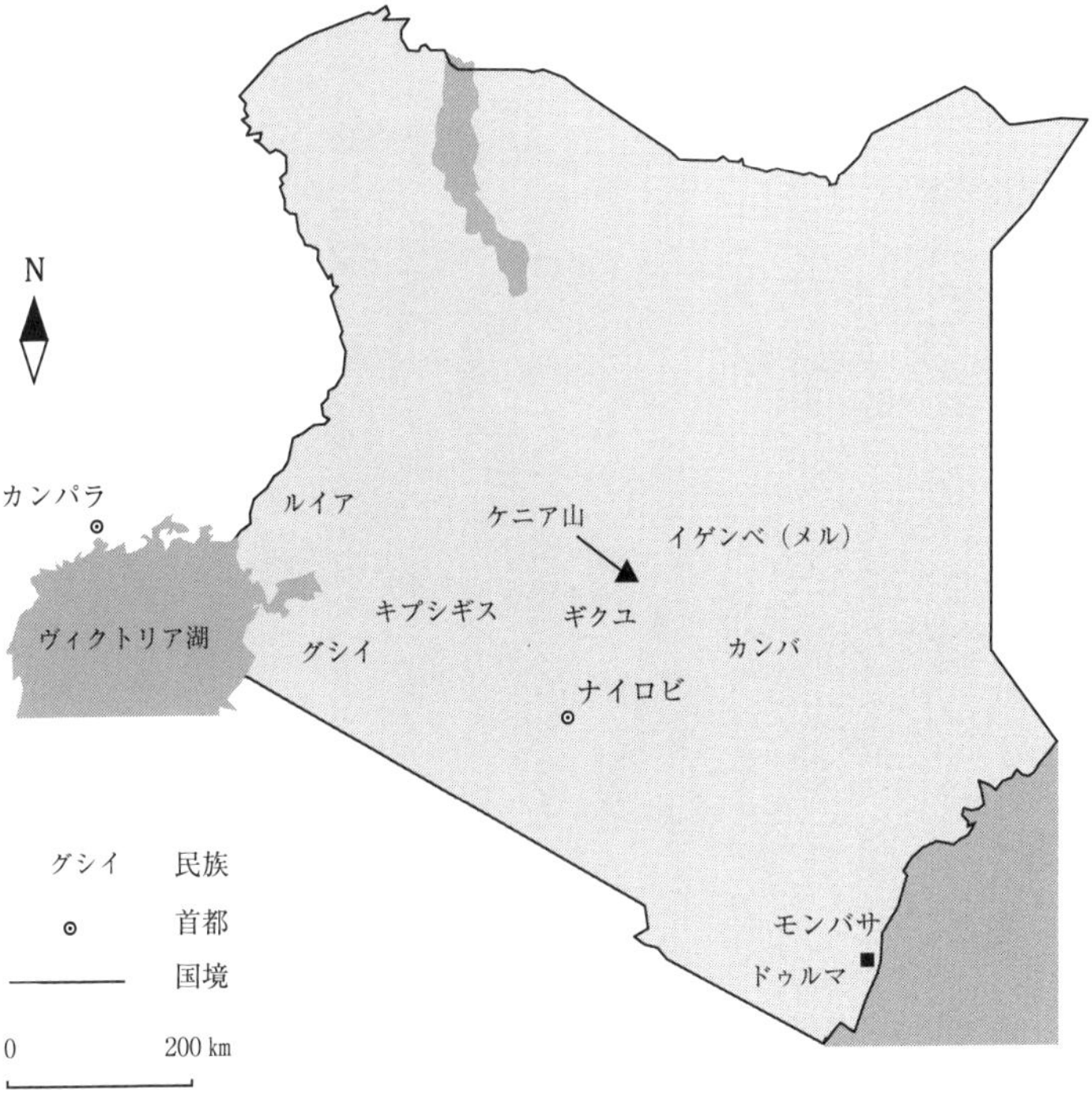

本書に登場するケニア国内の諸民族

ナティブ・ジャスティスという、ジャスティスの二類型（本章3節）をそれぞれ例示するとみている。それに対して、ドゥルマの施術師の方法は、身に覚えのない疑いについて「自白」を強いた、わが国の数々の冤罪事件を連想させる、明らかにインジャスティスに直結するものと私は考えている。[4]

ところで、これらの三類型に加えるべきは「裁くことのできる社会」であり、この第四の類型は、本書第Ⅳ部第八章にて取り組む最後の主要な論点である。社会人類学者マックス・グラックマンの民族誌（Gluckman 1955）は、北ローデシア（現ザンビア）・バロツェの裁判人による司法過程のうちに、「裁くことのできる社会」の条件を見極めようとした。

2　待つということ――イゲンベ農村での内省的考察

私が現在調査をしているイゲンベ社会は、右の意味で「裁かない社会」である。そして、ムーマの実施後、一方が自らの責任を告白するまで、他方の当事者を含め皆が待ちつづけるという意味で「待つことを知る社会」である。土地紛争にせよ妖術告発にせよ、真実の発見と終局的な解決は、第三者による裁定ではなく、有責者自身の将来的な告白にゆだねられている。第三者の裁定にゆだねないばかりか、人間が人間を裁かないという意味で、後述のとおり、これはいわゆる「神判」に似ている。私は、このムーマという方法の、イゲンベの人びとにとっての正しさについて、二つの側面があると考えている。

　ムーマという方法の第一の正しさは、ドゥルマ社会とちがって、ムーマの効果を即時に求めない点に由来する。イゲンベ社会では、自分が正しいと確信する当事者どうしの対立は、「待つこと」によって解決する。いいかえると「待つこと」によって「真実」が明らかになる。当事者自身の人間関係や生活環境が変化するにつれ、自分自身が間違っていたのかもしれないと発見する日がくるかもしれない。その可能性をひらく点で、鷲田清一（二〇〇六）がいう「待つこと」に通じるものがある。[5] 当事者自身の「告白」によって争論が解決する。ゆえに、私は、イゲンベが、待つことを知る、冤罪が起きにくい社会だと考えている。もっとも、これは、第三者から強いられた「告白」ではない点を重視した論点であり、当事者による自己判断の「真偽」について問うものではない。

　ムーマという方法の第二の正しさは、呪物そのものの内容構成に由来する。呪物となる山羊肉には、ある人物の唾液が滲みこんでいる。[6] 唾液を提供する者は、呪物を飲み込む当事者の義兄弟（イシアロ）関係にあるクランの人物であれば誰でもよいとされている。特別な職能を持つ人の唾液である必要はなく、クラン所属をのぞけば性別・年齢・親族関係などを問わない非人格的《インパーソナル》な呪物である。また、イシアロ関係にあるクランどうしは互いに恐れあう関係にある。イシアロの力は、唯一クラン所属のみを条件に、すべての人に生まれながらにして備わる力であり、しかも該当するクランどうしが互いに力を及ぼしあうという点で、平等主義的な力となる。私は、これら非人格性と平等主義がムーマの第二の正しさの根拠になっていると考える。
本書第二章で詳述するが、待つことと非人格性を維持することの正しさは、ムーマの守備範囲を越えて、ひろくイゲンベ農村における社会秩序の教理になっているというのが、私の見立てである。私は、次に述べるようなイゲンベ農村での内省的経験を通して、そのような二つの正しさが別の文脈でも真であると知る機会を得た。

二〇一五年八月、イゲンベの農村にて、ルコイ（本書の民族誌記述における人名はすべて仮名）という若い呪術師[7]から彼の自宅に招かれて、呪いの仕事に立ち会う機会があった。大切なものを盗まれた人の依頼を受けて、名の知れぬ真犯人を呪う仕事である。すべての窓、ドアを締め切った薄暗い屋内での出来事だった。私は、待つことについて、そして非人格性を維持することについて、予期せぬかたちで、そして自らの内省的経験として、この呪術師から学ぶことになった。

呪術師ルコイは、生きた鶏を手に取り、両足を縛り、そのすべての開口部を縫いあわせて生贄を用意した。生贄の足には赤い紐が結びつけられていた。この鶏の身にこれから起こることが近い将来に盗人の現実となる。準備が整うと、彼はおもむろに立ち上がり、すべての扉を閉じ、そして全裸となった。ふたたび腰掛けると、野生動物の角を手に取って、悶える生贄の上に弧を描くように回しながら、角に呼びかけるように呪いのことばを吐いた。その間、息つぎのタイミングでプッと音を立てて唾を吐いた。その後、ふたたび立ち上がって壺を持ち込み、

呪いにもちいる生贄を手にする呪術師ルコイ

赤い紐で吊るしたままに生贄をその壺の内部に沈ませ、呪いのことばを吐いた。これと同じことが盗みの真犯人の身に生じるようにと。

呪いが終わると、ルコイは一枚の写真を出してきて、何の前触れもなく、これを私に手渡した。それは、仮面ダンサーの写真だった。この写真は、呪いそのものの観察以上に強く私の心を捉えた。私にとっての十五年の謎を解き明かす、特別な一枚だったためである。私は、この十五年の間、知らぬうちに、この瞬間を「待っていた」のかもしれない。

話は二〇〇一年に遡る。私がイゲンベ地方の農村にはじめて入って、まだ二日目ぐらいのことだった。村の道を歩いていると、どこからともなくピーッピ、ピーッピという笛の音が聞こえてきた。だんだん音が大きくなってきたところで、前方に、突然、跳動する男たちの一団が現れた。そのうち一人は、野生動物の毛皮を身にまとい、仮面を被って、踊っている。加えて、全身に白土を塗布した従者たちがいる。私はとっさにその写真をとってしまった。これは反省すべき軽率さであった。無断で写真撮影したことに対してきびしく抗議を受け、深く反省した。それと同時に、私は、仮面ダンサーの姿に一目惚れしてしまった。アフリカの農村で伝統文化の一端を見ることができたという思いで、興奮を覚えていた。もっと知りたいと思った。

だが、仮面ダンサーについてほとんど何も知ることはできなかった。仮面ダンサーは、その正体を明らかにしないものとされていた。あの仮面はいったい誰なのか。どこからやってきたのか。話を聞きたい。しかし、「核心的」なことはわからないままだった。わかったこととい

跳動する仮面ダンサー

えば、仮面ダンサーは、割礼明けの「成人式」を祝福するために村中をかけまわるということぐらいだった。「本人」に話を聞きにいくこともできず、村の友人たちに聞いても、あれが誰なのかは自分も知らないというばかりであった——本当は「知っている」としても、他所からやってきた私に明かすことはできないのだろう、私はそう理解していた。

以来、私の現地生活は、現地の日常にしだいに溶けこんでいき、いろいろなことを学びながら、仮面ダンサーのことは忘れられるようになった。しかし、割礼明けのシーズンになると、あいかわらず仮面ダンサーが姿を現し、私の目の前で親しげに踊ることもあった。そんなときには、その正体を知ることのできない現実に直面して、なんだか心にぽっかりと穴があいているような思いで居心地の悪い気分だった。

それから十余年後の二〇一五年八月、呪術師ルコイからもらった一枚の写真は、二〇〇三年に撮影された仮面ダンサーの記念写真――ダンサーと従者だけで撮影した内輪の記念写真――だった。彼は、ダンサーを指さして、これが自分だといった。私は、そういうことだったのかと、驚きと納得とを同時に感じた。私は、この写真によって、仮面ダンサーの正体を知ったわけだが、しかし、それ以上のことを理解したと感じた。

私とこの呪術師とのつきあいが始まったのは、二〇〇五年のことだった。彼の母親にインタビューしたことがきっかけで、その息子である彼と知りあいとなった。彼の母親は勤勉なシングルマザーで、ローンを組んで家を建て、そのローンを計画どおりきっちり返済したことがあった[8]。これは村では珍しいことなので、くりかえしインタビューをした。ところが、二〇〇六年に亡くなってしまった。私は、母親の写真を引き伸ばして、その息子であるルコイのもとに届けた。それをとても喜んでくれた。それ以来、こんどは息子とのつきあいが始まった。その当時は、彼は呪術師として一人前ではなかった。私自身、彼がそういう人物であることを知ったのは、母親が亡くなってからのことである。そして、二〇一〇年頃から、呪いの仕事の現場を見せてくれるようになった。そういう長いつきあいのなかで、二〇一五年八月に、あの写真をもらうにいたった。仮面ダンサーの正体を知りたいという十五年前の私の興味関心は、すでに薄れていた。

仮面ダンサーの記念写真

私は、十五年をかけて仮面ダンサーの正体を知るにいたったわけだが、秘密の内容以上に重要なこととして、秘密を共有するとはどういうことなのかを理解できたように感じた。だが、私は、もっと重要なことが理解できるようになっていた。それは、仮面ダンサーとは誰なのかという問い自体が、問いとしての妥当性を持たないのではないかということである。仮面ダンサーが仮面を被るのは、「本人」の人格を覆い隠すためなのである。[9] 仮面を被っているのが、特定の誰かであってはならない。したがって、私にとって、仮面ダンサーの「正体」を知る必要はそもそもなかったのである。

イゲンベ社会では、特定の役割を果たす者は、その役割、そしてその役割に備わる力を私物化してはならない。役職の非人格性は、仮面ダンサーのみならず、ムーマにおいて呪物に唾液＝力を与えるイシアロにも、求められている（第二章）。調査をつづけ、私はイゲンベ社会が個を覆い隠す社会であることを理解できるようになった。仮面ダンサーの「正体」を知ろうとしてはならないということが、それが特定の誰かであってはならないということの裏返しであること、そして、かつてルコイが仮面を被っていた（現在は別人が被っている）ということ。私は、仮面ダンサーの正体は何者かという問いそのものから離れつつ、十五年をこえてこの社会に関わりつづけるなかで、つまり「待つ」なかで、この二つのことがいつのまにか理解できるようになっていた。

3　オルタナティブ・ジャスティス――呪縛圏から離脱する

右のケニアの事例と社会的文脈は異なるが、日本中世末期の神判と喧嘩両成敗とは、どちらも同じく人が人を裁く根源的な困難を乗り越えるためのものだった。

清水克行（二〇一〇）によると、戦国時代から江戸時代初期に、紛争解決の方法としての神判が全国的に多用された。清水は、これを幕藩体制確立への政治的移行期に特殊な社会現象だったとみている。人が人を裁く裁判制度は、裁く側への裁かれる側の信頼が不可欠である。政治的移行期にあって権力基盤が脆弱だった時代には、裁かれる側も裁く側も、人が人を裁く根源的な困難にまさるほどに、裁判制度への確信を得られなかった。そのために、裁かれる側は神判を求め、裁く側は喧嘩両成敗とした。

清水の議論には、ヴァルター・ベンヤミンのエッセイ「暴力批判論」（ベンヤミン 一九九四）の筋書と興味深い一致点がある。ベンヤミン「暴力批判論」でいうところの「暴力」とは、殴る・叩くという意味での物理的な暴力ではなく、複数の、対立する正しさのなかからひとつだけを選び出してしまうことを指す。法とはそのような意味での暴力を伴う。そして、ベンヤミン「暴力批判論」には「呪縛圏」という概念が登場する。複数の正しさのなかからひとつだけを選び出してしまうと、常に別の正しさとの矛盾が顔を出す。そのような競合関係は永遠に解消しない。それを呪縛圏と呼ぶ。

呪縛圏は、複数の正しさの間の永遠の競合状況のことであり、ベンヤミン「暴力批判論」は、そうした呪縛圏から離脱する二つの方法について述べている。そのひとつが神の暴力であり、もうひとつが非暴力的な和解である。人が人を裁くことはできない。唯一、裁くことができるのは神である。そのようにして求められるのが神の暴力であり、神判の正しさはそれに由来する。他方の非暴力的な和解は、人が人を裁くことはできない、だから唯一の正しさを選び取らないという方法である。喧嘩両成敗の正しさはそこに由来する。付言すると、ベンヤミンのいう「神話的暴力」は、神的暴力にみせかけた人による裁きのことであり、神の暴力とは異なる。法の暴力すなわち人間の暴力とは、両当事者が同じ土俵にのって一方が他方を突き落とすことであり、裁判の当事者対抗性の顚末でもある。それに対するオルタナティブのひとつは、当事者どうしが同じ土俵にのらずに、当事者対抗性を保留し、あるいは人が人を裁かずに、神の裁きにゆだねることである。もうひとつのオルタナティブは、同じ土俵にのるとしても、唯一の正しさを求めて一方が他方を突き落とすことをしない、非暴力的和解である。神の暴力と、非暴力的和解とは、人が人を裁く裁判システムに対する二つのオルタナティブとなっている。

二〇一一年に若手研究者仲間で『オルタナティブ・ジャスティス』（石田編 二〇一一）という論文集を出版した。この論文集では、従来の裁判制度に対するさまざまなオルタナティブ・アプローチの総称としてオルタナティブ・ジャスティス概念を提起した。具体的には、世界各国で制度利用が拡大しつつあるＡＤＲ（裁判外紛争処理）や、応報的司法に対比される犯罪解決アプローチとしての修復的司法、さらには南アフリカ等で過去の政治犯罪や集団暴力の真相究明と被害者・加害者「和解」を目的として設立された真実和解委員会を含む。右の論文集は、従来のアプローチと併用するかたちで（たとえば南アフリカの場合には、真実和解委員会と加害者の刑事訴追による裁判とを併用）これらを制度面で拡充する、世界各地の試みに着目した。

その後、オルタナティブ・ジャスティス論は、既存のリーガル・プルーラリズム論と何が違うのかというコメントを受けることがあり、この点について考えるようになった。右の論文集では明確に区別していなかったが、リーガル・プルーラリズムは〈他者の法〉（異文化の法）に関わり、オルタナティブ・ジャスティスは〈法の他者〉（法の外側に置かれたもの）に関わる。いいかえると、前者は、呪縛圏の内側での妥協をはかり、新しい規範形成をはかる。後者は、呪縛圏外部への離脱をはかる。法は前者の、神の暴力そして非暴力的和解は後者の領分である。これらの点で、両者は、原理的に異なっている。

リーガル・プルーラリズムは、異なる社会的背景を持つ法システムの併存状況を示す概念である。[10] 近現代的文脈では、植民地国家における一方的な法移植や人・モノ・情報のグローバルな移動などを背景として、こうした複数の法システムの相互浸透が大規模に生じた。伝統文化（あるいは相対主義）と人権言説（あるいは普遍主義）との衝突はその典型例である。とはいえ、リーガル・プルーラリズム研究は、そうした背景説明に限定しない、法の発展プロセスに関する一般理論を指向する面もある。

リーガル・プルーラリズム研究は、異質な法システムが併存し、対立したり混淆したりする実態を記述することに尽きるものではない。異質な法システムの併存状況が、いかにして新しい固有法[11]の形成に結びつくかを経験的、理論的に考えようとする研究である。したがって、リーガル・プルーラリズムは、他者を同じ土俵にのせ、妥協をはかり、新しい固有法のもとでの法の支配を探究する。

他者を知る法理論としてのリーガル・プルーラリズムには、プラスとマイナスの両面があると指摘されている。すなわち、異質な法を取り入れることで法システム内部の多様性が増す——法が豊かになる——というプラス面がある。同時に、法の道具的利用が高まると、紛争の強度が増す——呪縛圏の内側での合意による規範形成がいっそう困難となり、法の支配を脅かす——というマイナス面がある[12]（タマナハ 二〇一六）。

このように、リーガル・プルーラリズムは、あくまでも法の理論である[13]。私自身、右の論文集では、前述の意味での現代のオルタナティブ・ジャスティスの世界的動向を、リーガル・プルーラリズムの新しい展開として議論を始めた。というのも、第一に、古くからありながらこれまで周辺化されてきたさまざまなオルタナティブについて、その意義と役割が新たに「公認」されるようになったためである。そのような世界的動向は、西洋近代法・公式法・国家法制度を頂点とする旧来の多元的法体制を再編する可能性があり、法人類学の主要テーマのひとつであるリーガル・プルーラリズム研究にとって重要な研究課題となる。第二に、法・司法を主軸とするジャスティス論が、〈他者の法〉のみならず、〈法の他者〉としてのオルタナティブ・ジャスティスに向きあうポーズを示しているようにみえたためである。

だが、このような世界的動向は、多くの場合、「非＝法化」に向かうものとして捉えるよりも、じっさいには、リーガル・プルーラリズム論の応用問題として捉える方が適切である。たとえば、ADRは、従来の裁判制度に対するオルタナティブ・アプローチのひとつとして導入されながら、既存の司法制度に対する代替財としてよりも、むしろ補完財として運用されている（早川 二〇〇四）。そして、インフォーマリズムへの転換という点で「非＝法化」に寄与するようにみえる一方で、私的秩序における法形成の相を含めて「法化」概念を広義に捉えるならば、そのような意味での広義の法化に寄与している（田中 二〇〇〇：一七）。

本節は、呪縛圏外部への脱出口を求めるオルタナティブ・ジャスティスと、呪縛圏内部の合意による新しい規範形成を目指すリーガル・プルーラリズムとの間の原理的な違いについて論じた。加えて、オルタナティブ・ジャスティスの領分とリーガル・プルーラリズムの領分とでは、両者が重なりあってみえることについても触れた。次節で触れる「和解」概念は後者の一例であり、同一概念であっても、どちらの領分に属するかによって内実がまったく異なるものになる。

4　赦しと怒り——交渉を停止する

グローバルとローカル、ローカルとローカルとの間の関係性を、対立か調和かをめぐる問題として考えること、そして両者の妥協点を求めることは、リーガル・プルーラリズム論の視点である。他方で、対立する当事者両方が同じ土俵にのって相互に交渉するなかでの合意や新たな規範形成を、いますぐに求めないこと。これは、本書でいうところのオルタナティブ・ジャスティス論の視点であり、オルタナティブ・ジャスティス論集に寄稿した加藤敦典がくりかえし議論してきたことと重なる。「関係切断のための関係性」、関係切断におけるモラル・社会性、あるいは「けんか別れの作法」が必要だとする議論（加藤 二〇一一、二〇一六）である。[14]

従来の刑事司法に対するオルタナティブ・アプローチとしての修復的司法や真実和解委員会は、加害者に対する刑事責任の追及に加えて、犯罪解決や被害者救済への手がかりのひとつとして「和解」を考慮する。一方、当事者間の交渉による——そして多くの場合に困難な——個人的和解を当初から予定してしまうことに対する懐疑がある。このような懐疑の的になるのは、当事者に合意を強いるもの、言いくるめを含むものとしての「和解」であり、これはベンヤミンのいう意味での「非暴力的和解」とは異なる、いわば暴力的和解である。

和解を関係維持のための当事者間の交渉と合意を含意するものとみなすならば、そのような個人的和解は現実的に難しい。南アフリカ真実委員会の事例について、阿部利洋（二〇〇七）は、そうした視点から個人的和解とは異なる社会的和解としての和解の可能性とメリットを考えた。そこでいうところの社会的和解は、個人的和解において想定される当事者間の直接的・持続的交渉を停止する。[15]

以下で触れるいくつかの文脈では、赦しもまた交渉を停止する。赦しは、和解と親和性が高いように見えるが、両者は無条件には結びつかない――後述のとおり原理的に異なっている。阿部（二〇〇七：二六三）は次のように述べ、赦しと和解との間に因果関係を予定できないことを指摘した――「『〔加害者が〕告白する＝〔被害者側に〕癒しが起こる＝〔両者が〕和解する』あるいは『〔被害者側から〕赦しが語られる＝〔両者が〕和解した』という変換関係を想定することは妥当とはいえない」（〔　〕内補足は石田）。

次の事例における赦しは、和解に似て非なるものである。二〇〇六年一〇月、米国ペンシルバニア州ニッケルマインズの小学校で、五名の女子児童が殺害される銃撃事件が発生した。この事件に関する報道で、被害児童の親たちが、犯行直後に現場で自殺した犯人とその家族に対して、事件発生の夜に赦しを表明したこと、そして被害児童の親たちがアーミッシュ・コミュニティの人たちだったことが伝えられた（朝日新聞 二〇〇六年一〇月七日）。この事件を題材に、赦しをめぐるアーミッシュ固有の思想と社会的・宗教的背景を考察した研究者たち（クレイビルほか 二〇〇八）によれば、赦しは、加害者の責任を免除することではなく、「加害者への憤りを克服すること」として理解することができる。赦しを表明した被害者は、加害者の謝罪に依存しない生き方を求めている。一方的に理不尽な暴力に巻きこまれた被害者が、その後も引き続き加害者に支配されないための決意だという点で、アーミッシュの赦しは、被害者のためであり、加害者のためではない。このような赦しは、不処罰を容認せず、まして合意による和解と同じものではない[16]。

三木清『人生論ノート』所収のエッセイ「怒について」における「怒」と「憎み」との対比は、赦しと和解との対比を、ネガとポジの関係で反転させたようにみえる。三木によれば、「怒と憎みとは本質的に異なるにも拘らず極めてしばしば混同されている」。「怒」は、すべて突発的なものであり、それゆえにこそ純粋なものである。対して「憎み」は、すべて習慣的・永続的なものであり、それゆえに人間的なものである。神が知るのは怒ることであって、憎むことではない[17]。

怒は復讐心として永続することができる。復讐心は憎みの形をとった怒である。しかし怒は永続する場合その純粋性を保つことが困難である。怒から発した復讐心も単なる憎みに転じてしまうのが殆どつねである。（三木 一九五四：五五）

「怒」をめぐる三木の議論は、純粋かつ無条件の赦し――謝罪と和解のいずれをも前提としない、あるいは当事者間の取引を前提としない赦し——の意味をめぐるジャック・デリダの考察（デリダ 二〇一五、守中 二〇一五）に類似している。さらに、守中高明がそう指摘するように、「デリダ的な赦しは、ヴァルター・ベンヤミンの言う『神的暴力』に似る」（守中 二〇一五：一二二）。

デリダ的な赦しが、その純粋性において、すなわち非‐エコノミー的で非‐和解的な性質によって、「革命のように」「歴史の、政治の、そして法の通常の流れを不意打ちする」ひとつの力であるのと同様に、ベンヤミン的な「神的暴力」もまた、その「純粋な直接」性において、「法を措定する」「神話的暴力」に「あらゆる点で対立」しそれに「停止を命ずることで、「国家暴力を廃止」して「新しい歴史時代」を「創出」する、そんな革命的な力をそなえている。（守中 二〇一五：一二四）

右の意味での和解と憎しみは、ともに持続的な交渉のなかで育まれるものとしてネガとポジの関係にある。他方、赦しと怒りは、そうした持続的な交渉を「停止」する。和解は交渉維持あるいは関係維持指向、赦しは交渉停止あるいは関係切断指向である。そうした対比に重ねていうと、リーガル・プルーラリズムは前者——持続的交渉——のうちで新しい規範形成を求める法理論である。他方、オルタナティブ・ジャスティスは、後者——持続的交渉を停止すること――によって呪縛圏からの脱出口について語る、法批判としての正義論である。

5 誤った地図から意味のある地図へ

本章では、人が人を裁くことの根源的困難に着目し、ベンヤミン「暴力批判論」によって、複数の正しさのなかからひとつだけを選び出してしまう法の暴力と、複数の正しさの間の永遠の競合状況としての呪縛圏の存在にふれた。そして、神的暴力と非暴力的和解とを、呪縛圏を一時的に離脱する二つの方法として、すなわちオルタナティブ・ジャスティスとして議論した。人が人を裁くことには根源的な困難があること、いますぐに話せばわかるわけではないこと、交渉を強いられることの苦痛から自らを解放すること、土俵から降りてしまうこと。オルタナティブ・ジャスティス論は、これらの可能性を視野にいれる。

右のようなオルタナティブ・ジャスティスは、法の暴力に対する批判にねざすが、永久に法を否定したり、放棄したりするものではない。リーガル・プルーラリズムは、むしろオルタナティブ・ジャスティスを必要とする。

法人類学者フェルナンダ・ピリー（Pirie 2013, 石田 二〇一七）が提唱する法人類学の課題は、法が、いかにして呪縛圏あるいは政治を超越して「意味のある地図」に近づくのかを問い直すことである。これまでの法人類学は、強者・弱者ともに人間がそれぞれの立場で利用する法が、いかにして政治的文脈に絡み取られて「誤った地図」となるかを記述する研究に蓄積があった。他方、ピリーは、固有の理想主義に導かれて、政治を超越する高みから究極の正義を実現するものとしての法を希求し、模索する人間の姿を、古今東西の事例に認めた。

ピリーが古今東西の事例から具体的に描いたのは、「意味のある地図」に近づくひとつの方法としてのリーガリズムの探究が、法学者・法律家の知的活動によって担われること、そしてそのような活動の社会的・政治的文脈である。ところが、そのような探究によって得られるのはどこまでも不完全な地図だった。人間が希求し、探究する「意味のある地図」としての法は、いまここの地点からは手の届かないところで、何者かによって描かれる／描かれたものである。その何者かは、究極的には、過去の賢人かもしれないし、神であるかもしれない。そうでなければ、未来の何者かである。そして、イゲンベの事例が示唆するところでは、未来の何者かとは、いまここの時点で待つことを知る者の未来である[18]。

私は、いったん降りた土俵の外で待つこと、そして待つことによる他者理解・自己理解の可能性を考えることの重要性をイゲンベの農村で学んだ。イゲンベ農村の人びとは、人が人を裁くことの根源的困難を深く理解し、言いくるめの態度を否定して、いつの日か当事者の自己理解、他者理解、そして事実理解に「変化」が生じ、結果的に自らの手で合意に辿り着く可能性にかけている。オルタナティブ・ジャスティス論はそのような可能性を考える。

オルタナティブ・ジャスティスは、いったん呪縛圏の外部に踏み出してみる。そして待つ。

待つことは、何もしないでいることではない。それは、いますぐの時点で手に届かない「意味のある地図」としての法に近づくために、自己を自らのうちに閉じこめる永遠の逼塞から人間を解き放つことである。その意味で、オルタナティブ・ジャスティスは、待つことを知る正義論である。私は、そのことをイゲンベ農村で学んだ。

第二章　個を覆い隠す社会
――イゲンベ地方の紛争処理における平等主義と非人格性

1　当事者対抗的な紛争処理を保留する

私は、一九九九年から二〇〇〇年にかけてケニア西部グシイ地方でおこなったフィールドワークをもとにして、親族間あるいは隣人間でのもめごとを当事者たちが自力で処理することの難しさを強調するエッセイを書いたことがある（石田 二〇〇三）。

グシイの農村には草の根の紛争処理を担う寄合が組織されている。ひとつは集落の長老役員[1]たちが独自に運営し、もうひとつは行政首長[2]が主宰する。だが、いずれも紛争処理のフォーラムとしての能力に限界があるようにみえた。

グシイ農村における行政首長主催の村裁判（左の人物は書記）

一方の長老たちは、彼ら自身が当事者の隣人であるため、集落の寄合において純粋な第三者としての裁判人にはなりえない。それどころか、いつでも紛争に巻きこまれる可能性がある。裁く人と裁かれる人とが、ともに土地をめぐって競合しあう兄弟だから、埒があかないのである（第六章）。

他方の行政首長は、同じ村の出身者でありながら国家を代表する立場にあって、その公的地位のために村人たちに恐れられている。ところが、よく観察すると、行政首長は、落としどころをみつけるのが難しい事件については、出身集落の寄合で話しあって解決するように指示したりするなどして、自ら判断せずにいる。私が接した行政首長は、彼自身が村での濃密な人間関係に絡めとられているためか、自ら決断する責任を回避しているようにみえた。

行政首長に訴えても決着がつかず、かといって裁判所で訴訟を始めるには十分な法律知識や訴訟費用が手元にないこともあって、やがて当事者たちはもともとの出発点である出身集落の寄合に戻ってくる。自分たちの手で自分たちのトラブルを解決するといえば、肯定視すべき側面があるのかもしれない。紛争が発生した原因や当事者間の人間関係を一番よく知っているのは、たしかに同じ集落の人びとである。だが、その人たちがその紛争を処理する方法を一番よく知っているということにはならない。寄合の長老役員たちが熟慮の末に導いた結論だったとしても、納得できない一方の当事者から厳しく非難され、第三者であり裁判人である長老たちがいつのまにか事件の当事者になってしまう。

私は、そうした事例を観察して、結果的に各集落の寄合が紛争の吹き溜まりであることを余儀なくされていると述べて、グシイ地方における草の根の紛争処理の難しさを強調した。このエッセイの副題は「ケニアにおける首長と長老の紛争処理」としたが、「グシイにおける首長と長老の紛争処理」と地域を限定的に表記すべきだった。その後、二〇〇一年に研究を開始したケニア中央高地イゲンベ地方では、紛争の吹き溜まりが生じにくく、ケニアの農村における紛争処理を右のような視点で一般化することはできないと実感したためである。

イゲンベには、当事者間での話しあいでは埒があかない場合の対処法がいくつかある。そのうちのひとつは、前章で触れた自己呪詛を伴う宣誓、すなわちムーマである。もうひとつはイシアロの力である。裁判は、公式の裁判所であれ非公式の長老裁判であれ、対立する当事者どうしが意見をぶつけあい、第三者が裁定する。他方、イゲンベ社会におけるムーマ、イシアロ、あるいはその併用による紛争処理は、当事者対抗性と、第三者による裁定との両者を同時に保留しながら、解決の可能性を確保する。[3]

第一の方法すなわちムーマを済ませれば、両当事者は、ともにそれ以上の弁論や挙証をおこなわない。訴えた側の当事者は、ムーマの効果が現れるのを待つのみである。つまり、当事者対抗的な紛争処理が一時的に保留される。イゲンベの人びとは、プロセスとしては当事者対抗的な裁判よりもムーマに、決着としては第三者による判決よりも当事者による事後的かつ自発的な反省（虚偽のムーマをしたことの告白）に、決着を求めている。

第二の方法は、イシアロの力を利用するものである。イシアロとは、クランを単位とする特別な社会関係であり、イシアロ関係にある者どうしは、互いに相手の潜在的な力を畏怖する関係にある。そして、相互に誠実であること、与えあい、助けあうことが期待されている（加藤一九八九）。イシアロ関係にある者（ムイシアロ）[4]に対して嘘をつくならば、恐ろしい災いが降りかかる。イゲンベの人びとは、イシアロ関係におけるこの誠実の規範を、紛争解決の目的で利用する。たとえば、紛争当事者に対してムイシアロの面前で証言することを求める。もし虚偽の証言や主張をするならば、当人に対して災いが降りかかることになり、結果的に当事者が自らの過ちを認めることになる、そう期待するためである。ここに告白指向が認められる点は上述のムーマの場合と原理的に同じである。

付言すると、第一の方法であるムーマにおいて、第二の方法であるイシアロの力を利用することも可能である。すなわち、ムイシアロの唾液が滲みこんだ一切れの山羊肉を口に入れてムーマをおこなう。特別な力を持つとされるムイシアロの立会いによってそれが可能になる。イゲンベの人びとは、ムーマをおこなう場合に、この方法を多用する。

このように、イゲンベ社会には、当事者対抗性を一時的に保留し、さらには人が人を裁かないままに紛争を処理する手法が発達している。イゲンベの人びとは、これらの手法に解決をゆだね、真実を告白すべき、責任を果たすべき、あるいは罪を償うべき側の当事者が将来そうすることに賭けている。責任を追及する側によって、あるいは第三者の裁定によって、追及される側はただちに裁かれない。呪物を飲み込むムーマはいわゆる神判を想起させるが、イゲンベにおいてはその効果はすぐに現れるものではない。当事者を含め、人びとは、当事者の告白によって真実が明らかになる日を待つ。ここに、裁定者の良心、理性、あるいは判断能力を正義実現の拠り所とする立場とは異なるジャスティスの有り様を考える可能性が開かれている。私は、この方法によってイゲンベでは冤罪あるいは強者の正義に帰結する可能性が低くなると考え、これを積極的に評価している。

先に書いた英文論文（Ishida 2014）では、次のように述べた。イゲンベ社会における当事者対抗的な紛争処理を保留するメカニズムは、とくにイシアロの力をもちいる場合に、その平等

招かれたイシアロによる呪詛

主義と非人格性によって正しさが補強されている。

ここでいう平等主義には、対称性と公平性の二つの意味がある。第一に、ムイシアロ（イシアロ関係にある者）どうしは、一方が他方に対して一方向的に力を及ぼすのではなく、相互に恐れあう関係にある（＝対称性）。第二に、イシアロはクランを単位とする関係であり、それぞれのクランに属する人びとにとって生得的な能力である。いいかえれば、すべての人間が、イシアロ関係にある特定のクランの全成員に対して、潜在的に恐ろしい力を持っている（＝公平性）。この二つの点が本章でいうところの平等主義である。

ここでいう非人格性は次のような意味

である。紛争解決の目的で招かれ、たとえば上述のように唾液を提供する者は、あくまでもムイシアロとして招かれたのであって、当人の個人的な能力や人格によって招かれたのではない。したがって、イシアロの力を私物化してはならない。招かれたムイシアロは、紛争処理の現場で、自らの人格においてではなく、所属クランの成員の一人としてやってきたことを表明する。私は、個人を覆い隠す、いわば非人格化のメカニズムとしてこの点を捉えている。これは、イシアロの力が個人の人格に由来する力ではなくクラン所属の事実に由来する力であるという点に基礎づけられるので、右記の公平性と表裏一体の関係にある。

本章では、とくに、特定クランのムイシアロとしてくりかえし招かれていて、強力なムイシアロとして顔が売れている人物の存在に着目する。そうした人物は、イシアロ関係の対面的状況において、平等主義と非人格性の要件を超越して、ひとり高みに立った権能者となっているかのようにみえる。いかにしてそれは可能か。それが、本章で新たに探究する問いである。

トラブルの処理を目的にムイシアロを招く方法は、イシアロ関係の道具的使用といえる。イシアロ関係には、そのほかに説明的（災因論的）使用というべき使い方が現れる文脈がある。すなわち、自分の身に生じた災いの原因を同定する際に、イシアロ・クランの誰かに対して、イシアロ間の規範（相互に誠実であること、与えあい、助けあうこと）に違背する過ちを犯したことがなかったか、自らの過去の振る舞いを反省する。

たとえば、過去に、具体的なトラブルの処理のために来訪したイシアロの面前で、偽りの証言をした場合にはそのことを告白したり、あるいはそうした過去がないとすれば、これまでの日常生活のなかで思いがけない過ちをしていた可能性を探ってみたりする。そうと知らずに喧嘩した相手が、じつはイシアロ・クランの出身者であることが事後的に判明することもある。そのような文脈での、事後的な説明的使用として、イシアロ関係に言及することもある。

このように、イシアロ関係の使い方には、積極的な道具的使用と事後的な説明的使用の二つがある。そして、イシアロ関係に本来備わる平等主義と非人格性は、道具的使用と説明的使用のあり方を、それぞれの具体的文脈で条件づけている。本章で具体例を記述するのは、もっぱら私自身が多くの事例を観察した道具的使用についてである。このような道具的使用がくりかえされる背景には、次節で述べるような地域的文脈がある。

2 ムリンゲネ村——イシアロ利用の地域的文脈

私は、二〇〇一年九月に、ケニア中央高地イゲンベ地方のイゲンベ・サウスイースト郡で調査を開始した。以来、約四〇世帯からなる集落——これをかりにムリンゲネ村と呼ぶことにする——での人間関係や紛争処理を継続的に観察してきた。前節で概要を述べたイゲンベ社会における紛争処理のメカニズムについての知見は、もっぱらこのムリンゲネ村の濃密な人間関係についての観察から得た。

殺人賠償について話しあうアズィンバ・クラン会議

私が観察したムリンゲネ村での紛争処理のメカニズムは、国家法を含む地域社会外部からの影響を受容しながら、人びとがあくまでもローカルな場で歴史的に形成してきた特殊な方法として理解すべきだった。

私が調査を開始したとき、ムリンゲネ村では殺人賠償[5]の支払プロセスが進行中だった。これに熱をいれて調べ始めたのが、この集落を観察しつづけることになった最初のきっかけである。殺人賠償の支払は二〇〇一年から二〇〇二年にかけて進行した。被害者側として賠償を受けとったのは、ムリンゲネ村を拠点とするアズィンバ・クランで、加害者側として支払ったのは、近隣の他集落に居住するアエリ・クランである。私は、両クランの間の、そして賠償を受けとる被害者側クランの内部での、合意形成の導き方について学び、イシアロの力を利用する方法も学んだ。その後も、二〇一五年までに、同一集落内でアズィンバ・クランが当事者となる殺人賠償の支払が他に三件あり、またそれ以外にもさまざまな紛争事例を観察できた（Ishida 2017）。加えて、クラン会議での議事録が残されているので、調査地にいない間に発生した事件についても、その概要を知ることができた。

こうして、私のフィールドノートは、ムリンゲネ村における約四〇世帯、約十五年の事件簿のようになった。小さな集落ゆえの濃密な人間関係があるので、この事件簿には同じ人物がくりかえし登場する。これは、小規模な村社会での人間関係の有り様を多面的に観察するには、好都合である。

イゲンベ・サウスイースト郡は、北西方向の高原地帯から南東方向の平原地帯へと下る傾斜地に広がる扇状地で、両辺の急峻な尾根筋が、隣接する他の行政郡との明確な地理的境界となっている。そして、ムリンゲネ村は、イゲンベ・サウスイースト郡アゼロガイティ行政区《ロケーション》の、標高一三〇〇メートルほどの高原地帯にある自然集落のひとつである。ムリンゲネ村のすぐ南の急斜面を下るとあとは緩やかな斜面が続き、やがてメル国立公園がある大平原にいたる。ムリンゲネ村から国立公園のフェンスまでは、歩くと一時間半ほどかかる。イゲンベ・サウスイースト郡の人びとにとって、この扇状地全体が生産活動圏である。ムリンゲネ村の人びとそれぞれの耕地が、国立公園のフェンスにいたるまでの扇状地全体に散在している。

イゲンベは男系社会だが、出自集団は地縁化していない。元のクラン名を維持したままの分派の移住が、長い年月をかけて少しずつ進行し、現在のようなクラン分派の混在状態が形成された。ムリンゲネ村でも、そこに住む人びとのクラン所属は多様である。ただし、アズィンバ・クラン成員の占める割合が比較的高く、他のクランの人びとよりも多くの土地を、ムリンゲネ村、さらにはイゲンベ・サウスイースト郡の各所に所有している。アズィンバ・クランが、早くからこの地に居住していたクランのうちのひとつであることが、その理由である。

イゲンベの他のすべてのクランと同様に、アズィンバ・クラン自体はイゲンベの全域に移住・分散しているので、正確にいえばムリンゲネ村のマジョリティであるアズィンバの人びともまた、イゲンベ地方全域に分布するアズィンバ・クランの分派である。ムリンゲネ村に居住するアズィンバの人びとは、自分たちの親族の一部が新たな分派となってイゲンベ・サウスイースト郡内外の他地域に移住する一方で、郡内への移住者たちに、広大な未開拓地の一部を分与してきた。

たとえば、先の英文論文にもたびたび登場したンチェーとその兄弟たちは、ムリンゲネ村に転居してきた移民第二世代であり、やはりアズィンバ・クランからの土地提供を受けている。ンチェーの父親がムリンゲネ村に移住してきたのは、一九五〇年代以前のことである。ンチェーは、生得的には、アズィンバ・クランとイシアロ関係にあるアントアンボイ・クランの成員である。彼の父親は、互いに与えあい、助けあい、そして互いに恐れあうイシアロ関係において、ムリンゲネ村のアズィンバ・クランから土地を分与された。その息子であるンチェーは、生涯のほとんどの時間をムリンゲネ村で過ごし、かつアズィンバの一員を自称することもあるが、アズィンバに対するムイシアロの地位が消去されているわけではない。

一九八九年に始まった土地登記事業は、それまで長年をかけて少しずつ進んでいた移住と土地分配のペースを加速し、ムリンゲネ村の人間関係と紛争処理のあり方に大きな影響を与えた。私は、この土地登記事業の過程で、クラン所属と土地所有とを結びつける考え方が、さらにはクランの社会的役割が強化されたとみている。

土地登記事業は、人口密度の高い高原地帯では当初から個人所有地単位で進んだが、大平原の広大な未開拓地では、クランごとの土地境界を確定する作業から始まった。その過程で、ムリンゲネ村のアズィンバ・クランの人びとは、広大な土地をクランの土地として確保すること、そのうえでクラン成員個人への土地の再分配をすることができた。他方、他地域から移住してきた構成員数が少ないクラン分派は、イシアロ関係を通じて受け入れ先となった比較的規模の大きなクランから、あらためて土地の分与を受けることもあった。また、土地登記の時点で、確保した広大な土地に比して構成員数が少ないクランは、イシアロ関係や個人的な友人関係を通じて受け入れた新たな移民を、他クランとの境界地付近に配置することで、実効支配を確かなものにしようとする場合もあった（Ishida 2008）。

大平原の未開墾地のクランごとの境界画定は一九九〇年代のうちに大方完了し、二〇〇〇年代以降は個人単位での土地登記の段階に入った。そして、二〇一五年からは権利証書《タイトル・ディード》の発行手続へと進んでいる。そのため、現在は、クラン間の土地境界争いが発生する可能性はきわめて低い。

以上の説明のとおりであれば、クランごとの、そしてクラン内の土地境界画定が完了すると、クランの社会的役割は希薄化していくことになる。イゲンベ・サウスイースト郡に分派があるクランの多くは、じっさいにそのような理解があてはまる。だが、ムリンゲネ村のアズィンバ・クランは、現在でも多くの議題を抱え、頻繁にクラン会議を開催している。このような活動形態は、郡内の他クランにはみられない[6]。

アズィンバ・クランがクランとしての活動を活発に維持していることについて、私は、その背景に、次のような特殊な事情があるとみている。そのひとつは、本節冒頭で述べたように、ムリンゲネ村のアズィンバ・クランの人びとが二〇〇一年から二〇一五年までの間に四件の殺人賠償にクランとして関わったことである。もうひとつは、イゲンベ・サウスイースト郡の多くの住民が利用している郡内唯一の診療所の運営主体をめぐる騒動がある。診療所の運営主体をめぐる対立は、二〇〇六年には地域管轄の高等裁判所においても争われているので村外でも広く知られている。さまざまな利害が絡む複雑な事情があるが、本章では詳述しない。だが、ひとついえるのは、アズィンバ・クランは、診療所の建設用地を提供したクランとして、裁判所記録のなかでも明確に言及されており、もともとの土地提供者として当事者化することを余儀なくされたということである。こうした過程で、ムリンゲネ村のアズィンバ・クランは、ひとつの法主体としての役割を維持しつづけている。

もっとも、クランの役割が過去二十年の間に変化してきたという点は、クラン分類やイシアロ関係の編成自体に影響を及ぼすものではない。イゲンベにおけるクラン分類ならびにイシアロ関係を含むクラン関係は、制度的に安定している。イゲンベのクランは、前述のとおり分派が遠方に移住しても元のクラン名を保持するため（したがってクランは下位分節を持たない）、理論的には、長期的にみてもクランの数が増えることはない。クランの役割についての変化は、イシアロ関係という制度自体にではなく、次のような意味で、イシアロ関係という制度の使い方に影響を与えているとみる方が適切である。

前述のように、私は、二〇〇一年以降、現在にいたるまで、アズィンバ・クランの活動を観察してきた。現地滞在中はクラン会議に参加することで、不在中のクランの動静についてはクラン会議の議事録を読むことで、継続的な観察が可能となった。クラン会議は、話しあいが必要な議題が生じるたびに、あるいはクラン成員個人から提起されるたびに開催されてきた。議事録には、殺人賠償（二〇〇一年以降の四件）やクラン会議の役員選挙のようなクラン全体に関わる事案と、クラン成員の間のもめごとの調停とがとりまぜて記録されている。そして、各回すべての（私を含む）参加者の名前が記録されている。そこからわかったことは、クラン会議では、クラン成員間での合意をはかるために、とくに紛糾する可能性がある場合には、ムイシアロを招くということである。

アズィンバの人びとがクラン会議を多数開催すれば、それだけムイシアロを招く機会を多く持つ。本章では、イシアロ関係に本来備わる平等主義と非人格性という側面との対比で、このようなイシアロ関係の道具的使用に注目してみたい。すなわち、私が注目するのは、クラン会議を多数開催する過程で、特定の人物が公然とくりかえし招かれ、ムイシアロとして顔が売れるようになり、イシアロが特定の人格に結びついているかのようにみえる点である。

3　ムイシアロになる——平等主義と非人格性を備える

ここまでの論述では、イゲンベにおけるイシアロ関係の社会的・地域的文脈に触れつつ、イシアロの力とは、特定個人が当人の獲得的能力によって行使する力ではなく、特定クラン間の対称的な関係性のなかで働く力として、両クランのすべての成員に等しく与えられたものであるというローカルな平等主義の理念を強調した。そして、公平性の要件が、ムイシアロに非人格性を求める点をあわせて強調した。

イゲンベの人びとが紛争処理のためにイシアロの力を道具的に使用する場合には、当事者のクラン所属を最初に確認しなければならない。すなわち、自らの正しさを明らかにしようとする当事者、あるいは責任追及対象の当事者は、生得的な地位[7]においてどのクランに所属するのか、が明らかでなければならない。そして、その当事者に対してイシアロの力を持つクランを特定しなければならない。このように特定されたイシアロ・クランの成員であれば、本来誰であれ、生得的に恐ろしいムイシアロである。

本章でとくに注目するのは、平等主義（対称性と公平性）と非人格性の理念と次のような現実とのズレである。すなわち、前節で述べたように、ムリンゲネ村のアズィンバ・クランの人びとがクラン会議を頻繁に開催し、特定の人物をムイシアロとしてくりかえし招くことによって、イシアロの力を特定の人格や振る舞いと結びつけて理解するようになった点である。アズィンバ・クランにとってのイシアロは、アンドゥーネおよび前述のアントアンボイの二つのクランである。ムリンゲネ村のアズィンバの人びとは、この二つのクランのイシアロを、紛争処理や合意形成の目的でしばしば活用する。[8]

アズィンバの人びとにとって、アンドゥーネおよびアントアンボイの成員であれば、理論的には、誰を招いても潜在的には同じ力を持つムイシアロである。しかし、私自身がこれまでの十五年間に観察した経験をふりかえると、招かれるムイシアロは、ほぼ特定の人物に限られていた。アンドゥーネ・クランの場合には、イゲンベ・サウスイースト郡北端に居住するキワンズィとその息子たちが招かれていた。アントアンボイ・クランの場合には、ンチェーの父方オジ（父の兄弟）の息子たちを、（前述のとおり土地を分与されてムリンゲネ村に移住した）ンチェーのもともとの出身地であるイゲンベ地方北部のラーレ郡から招いていた。ンチェー自身も、潜在的にはアズィンバにとってのムイシアロにあたるが、長年にわたってムリンゲネ村に住みつづけて（同じ水を共有して）きたために、本来のイシアロの力は弱まってきたといわれている。じっさい、アズィンバにおける紛争処理や合意形成の目的で、ンチェーとその兄弟たちが道具的に利用されることはない。[9]

加えて興味深いのは、アンドゥーネとアントアンボイの各クランから招くムイシアロに対して、アズィンバの人びとがそれぞれに別の役割を期待しているようにみえることである。アズィンバ・クランの人びとにとって、どちらのイシアロ・クランにしても、相互に助けあうことが期待されていて、互いに恐れあう関係であることにはかわりがない。だが、アントアンボイ・クランから招くムイシアロが、もっぱらイシアロ間の互恵的関係を体現しているのに対して、アンドゥーネ・クランのキワンズィとその息子たちは、どちらかといえばイシアロの危険性、あるいはイシアロ間の緊張関係を体現している。なぜそのような役割分担が生じたのかを客観的に説明することは難しい。だが、私は、それが長年にわたる土地の交換関係を持つか否かという点に由来するものと考えている。

私自身、これまでの観察から、アンドゥーネ・クランのキワンズィとその息子たちは声が大きく、高圧的という印象を、アントアンボイ・クランの「キョウダイ」たちは慎み深く、温厚という印象を得ている。キワンズィは、（本来相互に助けあわなければならない）アズィンバ・クランの人びとに対して一方的に金を要求してたびたび苦しめたために、その応報として死亡したのだと説明する人もいる。他方、アントアンボイとアズィンバとの間には、前述のとおり、互いに土地を分け与えてきた経緯がある。ンチェーとその兄弟たちは土地を分与されてムリンゲネ村に居住しており、またアズィンバ・クランの人びとのなかには土地を分与されてラーレに移住した者もいる。

イシアロとはすべての人間に等しく与えられた生得的な能力であり、特定個人に固有の人格や後天的能力、あるいは意図的な振る舞いに起因するものではない。そして、イシアロ関係は、相互に恐れあう関係である。イゲンベの人びとは、一般的理念として、イシアロ関係における平等主義と非人格性の存在を想定している。端的にいえば、それは、イシアロの力を特定個人のみにゆだねてはならない、私物化してはならないということでもある。私は、この点が、イシアロの力の正しさを担保する非常に重要な要素だと考えている。

私は、ムイシアロとして招かれる人が、自らの人格を覆い隠し、非人格性を回復しようとしていることに、二〇一二年の調査の過程で気づいた。すなわち、既発表の英文論文（Ishida 2014）で詳述した、複数名のイシアロによる、二〇一二年九月の集団呪詛事件がそのきっかけである。すなわち、ンチェーの屋敷地で発生した一連の災難をめぐって、それを引き起こした名の知れぬ「真犯人」を呪うために、五名のムイシアロが招かれた。

この集団呪詛では、呪いの力が真犯人に確実に及ぶように、ンチェーの屋敷の周辺に分布する「すべて」のクランを網羅するように、呪詛をおこなった。そのため、五つの近隣クランそれぞれにとってのムイシアロを一名ずつ、一堂に招き、呪詛をおこなった。この事例では、平

イシアロを招いた集団呪詛

等主義と非人格性を要件とする力としてイシアロの力を行使することで、その正当性を補強している。

第一に、集合した五名のムイシアロは、一方的に呪詛したわけではない。集団呪詛の冒頭で、彼らはイシアロの力を悪用しないことを誓い、それぞれのイシアロ・カウンターパート（その場に居あわせた参加者のなかから選ばれた任意の人物）による反対呪詛を個別に受けている。反対呪詛による集団呪詛の正当化は、イシアロ関係の対称性によって実現している。

第二に、五名のムイシアロたちは、それぞれ最後の挨拶において、自らが具体的な個人として記憶されてはならず、あくまでも自らの所属クランを代表して呪詛をおこなっていることを明確に宣言した（Ishida 2014: 92）。私は、これを次のように理解した――イシアロの力を維持するために自らの個人的人格を覆い隠すべきことを表明したものであると。もともと非人格的なイシアロの力が、ムイシアロとして姿を現した具体的な個人の人格と結びついてしまいがちな現実を、イシアロの力を万人に等しく与えられた生得的能力とする理念に近づける方法である。

集団呪詛の事例では、イシアロの力は名の知れぬ「真犯人」を標的とするものであった。真犯人が特定されていない以上、いうまでもなく、標的の具体的な人格もまた認知されていない。次節で触れる二つの事例のうち第一の事例も同様である。だが、第二の事例では、特定の個人（債務者）を標的としてイシアロの力が道具的にもちいられている。そして、標的となった個人（債務者）もまた、対面するムイシアロを名の知れたムイシアロ（の息子）として認識する。つまり、次節第二の事例は、人格化されたムイシアロどうしが現実に対面する点で、右の集団呪詛ならびに次節第一の事例と異なっている。

次節第二の事例で描くのは、具体的な個人としてのムイシアロが、対面的状況のなかでイシアロ関係にあるカウンターパートに対して一方的に強制力を行使する事例である。具体的な個人とは、右記の集団呪詛に参加したムイシアロの一人でもあり、前述のキワンズィの次男にあたる、ビティである。アンドゥーネに属する彼は、アズィンバに対するイシアロ・クランの代表として、右記の集団呪詛に加わった。ビティは、父親のキワンズィおよび実兄のキムウェラが死亡した後、アズィンバ・クランにとってのムイシアロとしてさまざまな目的で招かれる機会が増えている。

4　ムイシアロの訪問――対面状況における平等主義と非人格性の行方

集団呪詛の翌年にあたる二〇一三年の九月五日、私は、新たにムイシアロとして招かれたビティに同行して、ムリンゲネ村に隣接する別の集落にある二軒を訪問した。ビティの住居は、イゲンベ・サウスイースト郡北端のキィエーネ村に位置しており、ムリンゲネ村周辺までは山道を徒歩で下って二〇分以上を要する。ビティは、同時期に受けた複数の依頼のうち、ムリンゲネ村に隣接する同一の集落内に居住する依頼者のみ、同日中にまとめて処理することにした。この日、もともとは三件を処理するはずだったが、うち一件は依頼者不在だったため、結果的に二件について処理することになった。

第一の事件は、自宅敷地にガラス瓶の破片を投げこまれた（それ以外にも不審な出来事が発生したと訴える）夫婦が、密かに破片を投げこんだ悪意ある「隣人」を呪詛するために、近隣の複数クランそれぞれにとってのムイシアロを複数（そのうちの一人がビティだった）招く事件だった。第二の事件は、土地売買に合意しながら代金だけを受けとって土地を手放さない「売主」（以下、債務者）のもとに、「買主」（以下、債権者）が（債務者にとっての）ムイシアロ（ビティがその役割を果たした）を送りこんで返金を求める事件だった。

責任追及対象の債務者（あるいは被告）がアズィンバ・クランの成員である場合、あるいはアズィンバ・クランのなかに潜んでいる可能性がある場合、債権者（あるいは原告）が招くべきムイシアロは、アズィンバ・クランがイシアロ関係を持つ二つのクラン（アンドゥーネおよびアントアンボイ）のいずれかの成員であれば、誰でもよい。だが、そのような場合には、ムリンゲネ村およびその周辺集落の人びとは、前節で述べた理由で、招くべきムイシアロをもっぱらアンドゥーネ・クランに求めてきた。さらには、アンドゥーネ・クラン成員の一人であるキワンズィ、そしてその息子たち、キムウェラならびにその実弟であるビティをくりかえし活用してきた。

第一の事件では、密かに破片を投げこんだ悪意のある「隣人」がアズィンバの成員であれば、アンドゥーネ出身者の呪詛は有効に働くが、容疑者が別のクランの成員であれば効果はない。この日はビティのみが来訪し、同時に招かれていた他のムイシアロが所在不明だったため、結果的に近隣クランのうちアズィンバ・クランのみが呪詛の対象となった（イシアロの力をもちいたトラブル解決としては不完全だった）。ビティは、その点を考慮して、別のクランのムイシアロによる追加の呪詛が必要だと依頼者夫妻に伝えた。

第二の事件では、債務者夫妻のうちアズィンバ・クランの出身者であるのは妻であり、債務者夫妻の夫にとって（したがって夫妻の子どもたちにとっても）、アンドゥーネ出身者（ビティ）は直接的なムイシアロではない。だが、そのような不完全性は、この事件の処理においては、

呪いのことばを唱えるビティ

第一の事件のように問題視されなかった。それは、イゲンベの人びとの多くがそう認めるように、夫婦は生活をともにする以上､互いのムイシアロを無下にできないことによる。妻にとってのムイシアロの来訪は、債務者夫の誠実な対応を促すうえでも十分だと債権者は理解していた。

ビティは債権者とともに債務者夫妻を訪問した。債務者夫妻の妻カマミに対して返金を求めた際のやりとりで、ビティは、自らがキワンズィの息子であることを名乗り、自己紹介にかえている。イゲンベでは、初対面のあいさつで父親の名前をあげることは珍しいことではない。だが、この事例では、それは単なる慣例的な自己紹介ではなかった。その名前を聞いたカマミは、恐ろしいムイシアロとして名が知れたキワンズィを想起し、ムイシアロの来訪をただちに理解したのである。カマミは、ムイシアロの来訪を、キワンズィあるいはその息子であるビティという特定の人格において理解した（キワンズィの息子の来訪を理解したカマミは、明らかに動揺していた――私にはそうみえなかったが、同行した調査助手はそう断言していた）。

ビティ　奥さん、誰だって、土地も金も、何もかも手放してしまうというわけにはいきませんね。

カマミ　土地も金も、何もかも手放してしまうというわけにはいきません。

ビティ　では、考えてみてください。今日は、行政首長のレターだって持参しています。〔同行の債権者に向かって〕さあレターをご覧にいれて。〔カマミに向かって〕どうぞご覧ください。〔行政首長の許可状がある以上〕私は隠密にここに来たわけではありません。土地も金も手放してしまうというわけにはいきませんね。そうですよね。

カマミ　そのとおりです。

ビティ　ご主人はどちらですか。それにあなただって、お金のことといえばわかりますよね。

カマミ　ええ。わかっています。お金のやりとりがあったとき、私も立ち会っていました。

ビティ　そのとおりです。あなたも立ち会っていたのです。そして、彼〔債権者〕はもう土地はいらないといっているのです。それで、あなたは私が誰だか知っていますか。

カマミ　いいえ、知りません。

ビティ　あなたはどちらのクランの方ですか。私はアンドゥーネの者です。住まいはキィエーネ村です。私はキワンズィの息子です。

カマミ　キワンズィのことは知っています。

ビティ　知っているのですね。それでお金はどうしたらいいのでしょう。

カマミ　彼のお金は返すべきものです。

ビティは、カマミに対して誠実な対応を求めている。もし、カマミがその要請を蔑ろにするならば、恐ろしい災厄が降りかかってくることになる。その意味で、ムイシアロとしてのビティのことばは、それ自体がカマミにとって呪いである。滞りなく返金が完了すれば、祝福の唾をかけてこの呪いを解く。

こう述べると、ビティが一方的に高みに立つ権能者であるかのようである。だが、ムイシアロどうしは互いに恐れあう対称的関係にあり、理論的には、カマミがビティを一方的に恐れているわけではない。こうした意味でのイシアロの関係の対称性は、この事例では、次のように逆説的に顔を出している。

イシアロ関係の対称性は、条件が揃えば、イシアロの力を利用した紛争解決を無力化してしまう可能性がある。すなわち、もしカマミが返金に応じないまま、ビティに対して、密かにイシアロの呪いを解くように依頼したならば、相互的な畏怖関係のためにビティはその依頼を拒絶できない可能性がある。それに、ビティ自身は、あくまでも債権者の請求を代弁しているのであって、自分の財産をとりかえそうとしているわけではない。

代弁を依頼しながら、無力化の可能性を危惧する債権者向けに、ビティは、返金方法を具体的に指示する文脈で、無力化の可能性がないことを誓って、次のような自己呪詛を添えた。すなわち、ビティは、返金が完了しないかぎりは、誰に依頼されても祝福の唾をかけることがないと明言したうえで、足元の土を指でつまみとって、口に入れている。そして、その土に自分の命を賭けると述べた。

ビティ　では、お金は私に手渡すようにしてください。いいですか、私はキワンズィの息子です。あなたはアズィンバの人間で、私はアンドゥーネの人間です。彼に返すべきお金は、私のところに持ってくるのです。お金は私の手を介してやりとりをしましょう。そしたら私は彼を呼んで、そのうえで戻ってくることにします。そして（祝福の）唾をかけることにしましょう。いま私が踏みしめている、この土に私の命を賭けましょう。お金のやりとりが完了しないかぎりは、誰が私にお金を渡して依頼しても、唾をかけることがないことを誓って。彼の了解のもとで私のところに来るならば、唾をかけましょう。

要するに、対面的状況のなかでイシアロの力を利用する解決においては、請求あるいは呪いの一方的強制力がイシアロ関係の対称性によって妨げられる（ムイシアロどうしの結託による無力化の）可能性をあらかじめ除去する必要がある。一方的請求を可とする権能は、既存の非対称的関係あるいは特権的地位によってではなく、イシアロ関係本来の対称性を一時的に封印することによって可能となっている。先に対称性が逆説的に顔を出していると述べたのは、それを封印する行為そのものが、イシアロ関係における対称性のもとからの存在を明かしているからである。

この事件では、右のようにして、アンドゥーネ・クラン出身のムイシアロは、ビティ（あるいはキワンズィの息子）という人格において姿を現し、具体的個人としてのカマミに対して一方的に請求（を代弁）する権能者となった。このような人格化と非対称化は、この事件の処理方法の性質上、当然のこととして期待される。返金の窓口を引き受ける以上、ビティは具体的な個人としてカマミに認識される必要がある。

ビティは、カマミとの面会を終え、債権者とともに帰途についた。その途中、ビティは、人気のない小道に立ち止まり、小道の脇の茂みのなかに債務者夫妻に対する呪いを埋めこんだ。「売主」夫妻に対する一方的請求を促すイシアロの力は、ビティの手を離れ、茂みのなかに埋めこまれた。それと同時に口にしたのは、ビティ自身の人格とムイシアロとの結びつきを否定する、すなわちイシアロをふたたび非人格化することばである。

ビティ　私は、自分がムイシアロであるとはいいませんでした。イシアロは太陽であり、神です。だから誰も姿をみることができない。イシアロを持つ者は私ではありません。それは神です。ンタラングウェ（債務者夫）よ、私は、お金を返すようにいいました。お金を私のところに持ってくるようにいいました……。

5　告白指向の紛争処理における正しさの条件

アズィンバ・クランの人びとがビティを畏怖するのは、彼自身の獲得的地位や能力のためではなく、あくまでもアンドゥーネ・クランの成員という彼の生得的地位のためである。アズィンバとアンドゥーネとは互いにイシアロ関係にあるので、一方のクランに属する人びとと、他方のクランに属するすべての人びとは、互いに恐れあう関係にある。よって、ビティもまた、アズィンバ・クランに属するすべての人びとを畏怖している。

だが、ビティは、アズィンバ・クランにとってのムイシアロとしてくりかえし招かれることで、彼自身の人格とムイシアロとしての地位とが結びつき、顔が売れていく。それは、彼の実父であるキワンズィが、非常に危険なムイシアロとして広く知られていたことに由来する。本章では、これをイシアロの人格化と捉えた。これに関連して、二〇一五年八月に、私は次のようなやりとりを経験している。

マウア町で出会い、長年親しくしている、バリウという名の男性（一九六三年生まれ）に、ふと思いついて、キィエーネ村のキワンズィ（ビティの父親）のことを知っているかと尋ねた。地域固有の嗜好品ミラーを噛みながら、ムリンゲネ村でのいくつかのエピソードについて話題にしていた際のことである。というのも、バリウは、イゲンベ・セントラル郡のキエゴイ行政区に居住しているが、イゲンベ・サウスイースト郡内に耕地を所有しており、また妻がムリンゲネ村（ただしアムワリ・クラン）出身ということもあって、村の一部の住民と顔なじみの関係にあり、私と共通の知りあいがいるからである。

バリウは少し考えて、それが誰だか思い浮かばないと答えた。キワンズィという名は、よくある名前なので、居住地をあわせて聞いても、それだけで人物同定をするのは不可能だったのだろう。そこで、アズィンバの人びとが表現するように、私の方から「キワンズィ・ズィルワ」のことだと補うと、それなら知っていると、すぐに答えた。

「ズィルワ」とは獰猛な野牛を意味する一般名詞であると同時に、ムイシアロの危険性を意味することばでもある。バリウにとってのイシアロ・クランの成員は、すべて「ズィルワ」である。バリウにとってキワンズィはムイシアロではない。だが、バリウが「キワンズィ・ズィルワ」と聞いて、キィエーネ村のキワンズィ（ビティの父親）をただちに想起したのは、キワンズィがアズィンバ・クランに対するムイシアロとして頻繁に招かれ、恐ろしい結果を招いたことがある人物として広く知られているためである。

恐ろしいムイシアロとして顔が売れていたキワンズィ、そして息子のビティもまた、平等主義と非人格性の要件を超越して、ひとり高みに立った権能者となっているかのようにみえる。だが、イシアロの力の正しさは、やはり本来の平等主義と非人格性に求められていることにかわりはない。すでに述べたように、キワンズィはアズィンバ・クランの人びとに対して一方的に金を要求して苦しめたために、その応報として死亡したのだと説明する人もいる。そのような語りのなかで、キワンズィ自身、一人のムイシアロとしての地位に引き戻されている。

ビティが債務者に対して債権者への返金を迫った第二事例は、すでに二年が経過した二〇一五年九月の時点で確認したところ、まだ返金が済んでいなかった。現職の警察官である債権者は、ふだん遠隔の勤務地にいて、休日の限られた期間しか地元に帰らないし、債務者に対してさらなる要求を突きつけた様子もない。だが、それは彼が請求を放棄しているということではない。そして、ビティによる要求（の代弁）が失敗したということでもない。

本章冒頭で述べたように、イゲンベ地方の紛争処理は、多大の時間を要するとしても、責任追及対象の当事者による自発的な反省と義務遂行に決着を求める指向性が強い。第二事例の債権者は、債務者からの返金がないまま日常生活をつづけているが、返金義務を怠りつづける債務者夫妻がいずれ「イシアロに捕まって」、恐ろしい災厄に見舞われる（その末に、返金義務を果たさざるをえなくなる）ことを予見している。もっとも、同様の状況で、あまりにも長期にわたって効果が現れない場合に、追加的な措置をとる当事者たちもいる。たとえば、債務者に対する呪詛をジュリチェケという名の長老結社（第四章）に依頼するなどである。これについては、本章ではこれ以上踏みこまないが、責任を果たすべき、あるいは罪を償うべき側の当事者がそうすることに賭ける手法であることにかわりはない。

イゲンベの紛争処理において、イシアロの力あるいはムーマに賭ける人びとは、責任追及対象の当事者の自発的な反省によって真実が明らかになる日を待つ。私は、その点を捉え、裁定者の良心、理性、あるいは判断能力を正義実現の拠り所とする立場とは異なるジャスティスの有り様を考える可能性が開かれていると述べた。もっとも、責任追及対象の当事者による「告白」や「自発的な反省」のみに問題解決をゆだねてしまうことは危険である。これではいわゆる人質司法と同様の轍を踏むこととなり、第一章でも述べたように取り調べ段階で被疑者に虚偽の「自白」を強要した、わが国の数々の冤罪事件とかわりない。浜本満（二〇一四）が記述するドゥルマの試罪施術は、このような意味での危険性を伴う方法である。

だがイゲンベにおける方法は、ドゥルマの試罪施術と根本的に異なっている。すでに述べたように、イシアロの力を使うにしてもムーマに賭けるにしても、期待される効果はただちに現れはしない――イゲンベは待つことを知る人びとである。そして、本章で詳述したムイシアロの介入による紛争処理は、特別な権能者による解決ではなく、平等主義と非人格性を要件とするイシアロ関係のなかでの解決を土台とする。イゲンベ社会において、イシアロの力は獲得的能力ではない。クラン所属を唯一の条件として、すべての人間に生まれながらに与えられた生得的能力である。それは、特定の社会的文脈での道具的使用によって、獲得的能力あるいは非対称的な権能であるかのようにみえることがあるとしても、ときに道具的に、ときに事後説明的に、平等主義と非人格性とを取り戻す。イシアロ関係の平等主義は、あるいはイシアロ関係のもとでの平等は、イゲンベ社会における紛争処理の正しさを補強している。それが、これまでの調査を通じて得た私自身の見立てである。

II

他者を知る法の理論

第三章　人間的法主体から社会的法主体へ
――リーガル・プルーラリズムの人類学

1　「孤独なアフリカ人」の行方

法廷がわれわれから見ると最も公平な判断と思われる裁定をし、有罪の決め手がないという理由で事件を却下する〔こと〕は多くの伝統的アフリカ社会で法廷の行なえる最も破滅的な判決なのである。なぜならそれは原告と被告の間に何の絆もないことを、つまり彼らの間に彼らを裁定する拠りどころとなる何らの共通の基準も価値もないことを意味するからである。（ターンブル　一九七五：二三四）

人類学者コリン・ターンブルの民族誌『ローンリー・アフリカン』は、ベルギー支配下のコンゴ東部の農村を舞台とするもので、右の文章を含む第十一章は、植民地支配下特有の法の混淆と、宗主国側の正義の押しつけがあらわれた事例に言及している。村の老人キチュイカは、植民地の裁判所の法廷で、自分が犯した殺人事件について、「無罪」の申し立てを拒み、自ら進んで「有罪」を認めた。自身の正義に対する揺るぎない確信があったためだ。だが彼の自発的な証言そして罪の受容は、ことごとく自らに不利な判決を導くための根拠となっていった。そして、キチュイカは死刑となった――この判決によって、人びとは裁判所に対する失望をあらたなものとした。

ターンブルが、現地の正義と相容れない白人の法の押しつけによる判決に加えて、一段と破滅的だとするものが「有罪の決め手がないという理由で事件を却下する」ことである。彼がいうところの「孤独なアフリカ人」とは、冒頭の引用文が示唆するように、自分たちが生きるべき固有の世界と共通の価値を奪われた存在なのだ。そして、同書におけるターンブルの基本的主張は、共通の価値を抱く共同体の回復を訴えることである。[1]「共通の価値観を回復する」(ターンブル 一九七五:二四三)とは、いかなることか。本章は、その意味を考えるところから始めて、リーガル・プルーラリズム論へと進みたい。

ターンブルの民族誌は、祖先伝来の価値とそれを否定する白人支配体制との狭間で引き裂かれ、共通の価値を奪われた村人たちのさまざまな苦悩を複数の当事者視点で描いている。[2]自らの意思に反して「キリスト教式」の割礼を強いられてしまった少年イブラヒモは、祖先伝来のイニシエーションに参加する機会を奪った白人宣教師ヘンリー・スペンスを激しく憎悪する。そして、ただ「憎み返す力だけが湧いてくる」のだった。

キリスト教信仰に熱心な両親をも欺いたスペンスのことばには、看過できない嘘が含まれていた。祖先の王国にも、スペンスのいうところの天国にも行くことができないことを知ったイブラヒモは、自らの未来に絶望し「それからぼくは死んだ」。伝統的指導者としての矜持を保つ男マツンギによる次のことばは、そんなイブラヒモにとって救いとなったはずだ——「できるだけ学ぶことだ。ブワナ・イエスの言うことがブワナ・スペンスの言うことと同じものか、自分で確かめてみることだ」。白人（スペンス）のことばと神（イエス）のことばは同じではない。それは、純粋に信仰を求めることが、かならずしも白人の世界に近づくことと、あるいは白人宣教師と和解することと同じではない、ということだ。[3]

マツンギのことばは、純粋な信仰に向かう、つまり親白人／反白人の二項対立を超える価値の回復を示唆する。これを第一の方法とするならば、それとは異なる第二の方法として、二つの世界の新たな結びつきをローカルな文脈において模索する方法もある。ターンブルは、アフリカ的世界に生きようとする白人ハンターと、その妻となった女サフィニとの情愛の行方を描きながら、二つの世界を架橋する子どもたちと、その待つべき未来に託されたこととして、二つの世界の新たな結びつきへの展望に触れた。そして、第三の方法が「部族主義《トライバリズム》[4]」の回復である。そして、ターンブルは、この第三の方法に強調点を置いたようだ。

部族主義には積極的価値があって、部族から国家を創ることも、ひとつの伝統をもうひとつの伝統と和解させることも、またそのすべての伝統と西欧世界とを和解させることも、部族主義のなかにその解決の道があるのではないかという気がしてくる。（中略）われわれが部族主義を理解もしないで批判するのを聞くと、彼らはわれわれの排他的ナショナリズム、宗教の派閥主義、人種差別主義を指摘する。つまり彼らはそれらのなかにお互いの相違の形式化の代りに、しばしば疑惑、軽蔑、苦渋、あくなき憎悪、要するにけっして部族主義の独占物とはいえないもろもろのものを見るのである。実を言うと、部族主義の形式的対立のなかには、かえってそれにつきものの一種の不思議な寛容の精神がある。だからわれわれは、一部の人々の主張するような国家統一を妨げる部族主義の力と、部族主義のもつこうした利点とを注意深くはかりにかけて比較検討する必要があるのである。（ターンブル 一九七五：二七八）

本書で探究するリーガル・プルーラリズムは、新しい法の創造にいたる出口を、いずれかの方法で、強いていうならば第三の方法において、求めることである。私は、そのような視点でのリーガル・プルーラリズムの研究をめぐる、ほぼすべての論点を千葉正士の仕事に学んだ。

2　ある不完全な理論の新世代

二〇〇五年五月に専修大学で開催された日本法社会学会学術大会において、同世代の仲間とともにミニシンポジウム「千葉理論再考——人類学的視点」を組織した。[5] この企画について事前に私信で報告したところ、若手グループの勝手な発案にもかかわらず、千葉本人が当日わざわざ足を運んでくれることになった。海老名の自宅から都心の会場までの移動は、タクシーと車いすを使って、千葉は、あらかじめ用意した原稿を会場で配布し、また自身で読みあげるとともに、次のような趣旨のことばをかけてくれた——私の理論はすでに私の手を離れているのだから、若手研究者有志はそれを組み替え、発展させていけばよい。

私は、学部四年生だった一九九七年に、当時の指導教員から、法人類学をやりたいと考えるなら千葉の研究をきちんと学んでいきなさいという助言を受けた。そこで、ニューギニア高地の調停者の役割について考察した自分の卒論で千葉論文を引用してみたり、大学院進学後はさらに何篇かの千葉論文を読んでみたりした。国家法一元論に対する批判をはじめ、いわば他者を知る法を求める基本的姿勢については理解できる気がした。けれども、三ダイコトミーやアイデンティティ法原理といった概念を中核とする千葉のリーガル・プルーラリズム論——これを「千葉理論」と呼ぶ——は、その全体像と有用性をよく理解できなかった。それは、私が当時着手したばかりの東アフリカ農村社会の紛争事例の経験的分析と、抽象度の高い千葉理論との接点をただちに見極めることが難しかったことによる。

同世代の研究仲間と法人類学勉強会の名で私的な読書会を重ね、前述のとおり千葉理論再考をテーマとするミニシンポジウムを二〇〇五年五月の日本法社会学会学術大会で組織することにした。千葉理論は、法社会学と社会人類学とを架橋する重要な業績とみなされているので人類学者が法社会学会で検討するテーマとして適しているはずだという考えと、どのような意味で有用であるかをこの際きちんと理解しておきたいという思いがあった。そこで、シンポジウムへの準備をかねて千葉論文を共同で読んでいった。何点かの論文を選んで読むのでなく、包括的に読むこと、そして千葉理論を表面的に引用するのではなく、内容に踏みこんで批判的に検討し、そうした作業をふまえて論文を書くことを課題にしたのである。

そうした作業を通して、とくに「国家法に対する固有法浸透の通路」（千葉 一九八三）と「法文化の操作的定義」（千葉 一九九六）という二篇の論文から、千葉が提示した三ダイコトミーの枠組が東アフリカの裁判事例の分析にとって有用であることが理解できるようになった。というのも、ケニア西部グシイ社会における婚姻成立要件を争点とする裁判を、三ダイコトミーをもちいて分析することが可能だと気づいたからだ（本章3節ならびに本書第六章）。その後、三ダイコトミー論の有用性に留まらず、アイデンティティ法原理を含む千葉理論全体についても自分なりに理解できるようになった[6]。

このようにして私が理解するにいたったのは、千葉理論が、法を求める人間そして社会の現実の姿と、新たな法創造を導く価値指向性とを包括的に説明する枠組を示した点で、真の意味でのリーガル・プルーラリズム論だった、ということである。リーガル・プルーラリズム研究は、異なる文化的背景を持つ複数の法の混淆を観察するが、それだけでは法の理論にはならない。千葉は、法の混淆状態への入口——他者との接触——と、そこからの出口——新しい法の創造——とをともに議論することで、リーガル・プルーラリズムの理論を導いた。千葉の仕事は、他者を知る法理論として、そして出口を語る理論として、リーガル・プルーラリズムを方向づけるものだった。

長谷川晃が提唱する「法のクレオール」論（長谷川編 二〇一二）は、実質的にリーガル・プルーラリズム論として読むことができるばかりか、千葉理論と多くの論点を共有する業績として特筆すべきものである。長谷川のいう「法のクレオール」論は、「異法融合の過程」を「さまざまな法的アクターとその主体的営為による接合の動態において分析し把握すること」（i頁）、さらには「あらたな法の創発へと向かう法秩序の形成と変容」（七頁）を見極めることを目的とする。このような新たな研究との出会いによって、私は千葉理論の意義について確信を得た。長谷川は、ウィリアム・トワイニングの議論をふまえたうえでのさらなる課題として、次のように指摘する。ここで指摘されている三つの課題は、千葉理論における法主体論、三つのダイコトミー論、アイデンティティ法原理論のそれぞれにほぼ一致する。

法的アクターの活動における主体性とはいかなる様態の主体性なのか、また多面的な法の継受のプロセスにおいてはそれらの多面的要素の間にいかなる相互連関があるのか、さらに、そのような法の動態が一定の方向性を有した法変容を生み出すときそれはいかなる価値的志向性を示すのかといった問題について、経験的探求とともにいっそうの理論的なモデル化が必要になる〔。〕（長谷川編 二〇一二：i）

二〇一五年に、千葉正士の研究業績を記念する出版事業が続いた。[7] これまでの過程でわかったことがある。ひとつは、千葉がやはり二〇世紀の最も偉大な法社会学者の一人であること。[8] ひとつは、千葉法学の本流に——三ダイコトミーとアイデンティティ法原理を中核とする法の多元的構造に関する理論に——さまざまな支流が流れこんでいること。また、それら複数の支流の所在を知ることで、本流にあたる千葉理論の姿を水系全体の広がりのなかで理解できること。[9] いまひとつは、論文の精読に留まらず、もともとの千葉のアイディアに新しい視点を加えて展開すると、さらに面白くなること。[10] また、そのような試みを通じて、国内外のさまざまな学友との出会いの場が広がることである。

急いで付け加えなければならない、もうひとつの重要な発見は、千葉のリーガル・プルーラリズム論がそれ自体で完結したものではなく、むしろ不完全な理論だということである。不完全だからこそ開かれていて、無限の可能性に満ちている。[11] 千葉の論点をそのまま受容できると考える読者もいる。だが、不完全であることを見抜いた読者は、読まなかったことにしてしまうか、はっきり拒絶するか、あるいは新しい可能性を考えようとするかのいずれかである。私がこの最後の選択肢をとったのは、著作のなかで述べられたことを正確に読み解くだけでは千葉理論の真の理解には寄与しないと考えたためである。

アジア法学およびリーガル・プルーラリズム研究で国際的に著名なヴェルナー・メンスキーは、千葉理論をカスタマイズする代表的な研究者の一人だ。[12] メンスキーは、自らのメンターとして千葉にたびたび言及し、ロンドン大学東洋アフリカ学院法学部の必修科目「アジア・アフリカ法」において千葉の仕事を学生に教授してきた。[13] メンスキーの法の三極モデル（後述）は、千葉理論の比較的初期のモデル（法の三層構造論）を独自に展開したものだが（Menski 2006; メンスキー 二〇一五）、一見したところでは千葉理論が土台にあることがわからないほどである。

私自身、千葉理論のカスタマイズに取り組んでいる。とくに法の三ダイコトミー論と法主体論とをそれぞれ補強するために、千葉の原著論文にはない新しい概念を追加している。それらは、千葉がいう二つの法主体（人間的法主体と社会的法主体）とは何か、二つの法主体を架橋するものとは何か、を考えるものである。その意味で、千葉理論から内発する問いである。

本章は、千葉法学の最重要概念のうち、とくに法主体・固有法・法文化の三概念を中心に、千葉理論の新しい展開可能性を考える。すなわち、人間的法主体と社会的法主体とを架橋する第三の法主体について考えること（3節）、アイデンティティ法原理に導かれる固有法形成のプロセスを法の支配の問題として考えること（4節）、人間的法主体を支配するものとして法文化の象徴的機能を考えること（5節）、である。

3　第三の法主体

千葉法学には、二つの法主体（legal entity）の概念が登場する（千葉 一九九八）。第一の「人間的法主体」は、一人ひとりが権利主体であるところの具体的な個人のことである。そのような人間的法主体が集って、第二の「社会的法主体」をつくる。小さな社会的法主体（ローカルな社会組織）の外側には大きな社会的法主体（たとえば国家）があり、大きな社会的法主体の外側にはさらに大きな社会的法主体（たとえば国際社会）がある――このような社会的法主体の入れ子構造が無数にある。「ある」といっても、人間的法主体が集合するだけでは、後述のとおり固有の法を育む社会的法主体は自然発生しない。

私は、社会的法主体と人間的法主体との関係を、当該の社会的法主体内での普遍性（一般性）と多様性（個別性）との相補的関係という側面から理解している。社会的法主体が育む法に固有の普遍性――社会的法主体内での普遍的適用の可能性――は、人間的法主体の有声無声の多様な権利主張に耳を傾けることで確かなものとなる。[14] リーガル・プルーラリズムとは、そのようなプロセスを探究するための論点であって、法の多元性や異種混淆性を観察することに尽きるものではないし、何でもありの絶対的相対主義に身をまかせて法の普遍的適用可能性を否定するための方便でもない。

千葉が、アイデンティティ法原理という概念を持ち出して、これを法の形成プロセスの要とみたのは、多様な社会的法主体の法が、それぞれに固有の普遍性を獲得していくプロセスを議論するためであった。そして、三ダイコトミーを法の操作的定義における変数としたのは、大きな社会的法主体の法の形成プロセスのうちに、人間的法主体が、あるいは小さな社会的法主体が関わっていく応答的なプロセスを見極めるためであった。[15] つまり、アイデンティティ法原理と三ダイコトミーの両者が揃ってはじめて、法のダイナミクスを捉える理論としての千葉理論は完結する。

本書第六章は、人間的法主体の具体的な訴訟行動——複数の人間的法主体がぶつかりあう東アフリカ農耕民の紛争事例——の分析において、三ダイコトミーを一部補正しながら応用する。千葉のリーガル・プルーラリズム論は、法の多元的構造を「三ダイコトミーそれぞれの変数の組み合わせ」として観察するところに特徴がある。これを社会的法主体についての理論モデルと位置づけるならば、それは特定の法システム全体の多元的構造を分析するためのマクロな動態モデルとなる。他方、私自身は、三ダイコトミーの道具概念を、人間的法主体の具体的な行為の次元、すなわち紛争あるいは裁判の過程――とりわけ当事者の意見表明を推力とする規範形成の過程――についてのミクロな分析のなかで活用する。そのような視点から、ケニア西部グシイ社会において、婚姻関係の存在・不在を根拠に遺産分与を要求・拒否する紛争事例を分析する。そこでは、当事者たちは、婚姻（の成立要件）とは何かを各々が考えながら論証するうえで「複数の法基準の中から一つを選択」（千葉 一九九八：五六）し、自らの主張表明のうちに呼び込んでいた。

事例分析を通じて、私は、紛争事例の経験的分析にとって三ダイコトミー分析が有用だと確信している。けれども、紛争事例の三ダイコトミー分析にアイデンティティ法原理の論点を組み込むことは容易でない。それは、次のような問いを経験的に考えることの難しさのためだ。すなわち、人間的法主体の個別的かつ多様な営みを吸いあげる応答的プロセスで、社会的法主体の法がいかにして固有の普遍性を獲得しうるのか。そのような意味での普遍性を経験的に語ることができるのか、といった問いである。

角田猛之が指摘したように、千葉は、法主体の主体性（subjectivity）を論じることで、「主体」の語を法主体および主体性という二重の意味でもちいた（角田 一九九九）。すなわち、アイデンティティ法原理の概念によって固有法形成における社会的法主体の価値指向性を捉え、具体的な個人としての人間が法形成において果たす役割のなかに人間的法主体の主体性を認めた。そして、人間的法主体の多様な営み自体を受けとめながら発展する法の内在的メカニズムの探究を、一貫して究極の目的としていた（たとえば千葉 一九六九：二六四）。そのため、社会的法主体の議論は、人間的法主体の多様な営みの存在を前提とすることと矛盾せず、むしろそれを強調する必要があった[16]。

にもかかわらず、千葉の著作の多くは、社会的法主体についての議論に傾いている。だからこそというべきか、人間的法主体に焦点をあわせた論文で、千葉はわざわざ次のように述べた――「法主体は、広義ではその両者を含むが、狭義では後者［社会的法主体］だけを示すものと使用することができる。しかし本章では、他の法主体すなわち人間的法主体を主題とする」（千葉 一九九八：四二[17]）。千葉自身は、人間的法主体の次元と社会的法主体の次元とがどのようにつながるかについて十分に語らなかった。そして、社会的法主体の法形成を導くアイデンティティ法原理を具体的に抽出することが難しいことも指摘されている（角田 一九九九）。

さまざまな社会的法主体の法――国家の法さらには人類の法（千葉 一九九一：二四二―二四四）を含む――は、人間的法主体の個別的かつ多様な営みを吸いあげる応答的プロセスのなかで、いかにして固有の普遍性を獲得しうるか。この問題を経験的な次元で考えるうえで、私はメンスキーに学んだ。なかでも「巧みな法のナビゲーター」についての彼の議論である。私は、このようなナビゲーターに、人間的法主体と社会的法主体を架橋する、いわば第三の法主体の役割を認めてもよいのではないかと考えるようになった[18]。

メンスキーのナビゲーター論は、彼自身の三極モデルを土台とする論点であり、イギリス在住の南アジア出身ムスリムによるさまざまな権利主張や法利用についての事例研究と結びついている。三極モデルとは、すなわち、リーガル・プルーラリズムを法実証主義的思考・自然法的思考・個別社会規範の三者間の緊張関係において捉え、それらの間のバランスの探究を法の課題とする理論である（石田 二〇〇八b）。そうしたバランスを探究する法主体の存在を想定して、メンスキー（Menski 2006; 2009; 2011）は、千葉の法主体論（Chiba 1989: Chapter 8）に、ロジャー・バラードが移民研究の文脈でいうところの「巧みな文化のナビゲーター」（skilled cultural navigators）を重ねて、リーガル・プルーラリズムの「巧みなナビゲーター」を論じた[19]。

このような法主体は、それぞれが一人の人間的法主体であると同時に、他の人間的法主体の声に耳を傾けながら、法形成のプロセスにおいて特別な役割と責任を引き受ける。その点で、一般的な人間的法主体とは異なる。そこで、このような特別な法主体を第三の法主体と呼ぶ。私は、このような第三の法主体が、オルテガ『大衆の反逆』がいう「貴族」に相当するものだと考えている[20]。本節冒頭で、人間的法主体が集合するだけでは、固有の法を育む社会的法主体は自然発生しないと述べた。ここでその点に立ち返りながら本節を結ぶ。

メンスキーはナビゲーターの重要な役割をたとえば裁判官に期待し、オルテガは特別な責任を引き受ける「貴族」を論じたが、本書でいう第三の法主体を含めて、これらは既存の高度専門職を特権化するような意味でのエリート主義ではない。専門職にあっても「生の計画がなく、波間に浮かび漂う人間」であるならば、それぞれ自己の内に閉じこもった「大衆」の一人であり、「かれの可能性と権力とがいかに巨大であっても、なにも建設しない」(オルテガ 一九七一：四二〇)。オルテガのことばで語りなおして第三の法主体を「貴族」というならば、千葉のいうアイデンティティ法原理は「生の計画」(同書：四四二)というべきである。そして、社会的法主体は、自然発生せず、「共同生活への意志」(同書：四四二、五二〇)にねざして育まれる。そうした意志を持つ「貴族」(＝第三の法主体)の導きによる「生の新しい原理」(同書：五三九)(＝アイデンティティ法原理)において、社会的法主体の法は固有の普遍性を探究する。そのような社会的主体の法を指示するのが、次節で述べる「固有法」の概念だ。

4 固有法の歴史性

千葉法学における固有法の概念は、外部からの影響が及んでいない「純粋」な固有法を意味するものではない。固有法とは、新たな移植法に対峙する、その時点でのドメスティックな法の姿を捉える概念であると同時に、そのように把握された固有法は、歴史的過程において常に〈他者の法〉を摂取し、「消化」[21]しながら発展してきた。そして、本章冒頭で述べた「孤独なアフリカ人」はそのような固有法を奪われた存在である。

千葉の固有法概念は、二つの意味をあわせ持つ。すなわち、社会的法主体がそれぞれのローカルな文脈のなかで形成してきた歴史的産物としての法。これを指示する概念としての固有法がその第一の用法である。それに対して、法移植のプロセスにおいて多元性あるいは異種混淆性を吸い上げた法がアイデンティティ法原理に導かれてふたたびそれぞれに固有化していく、未来形としての固有法。これがその第二の用法である。

いいかえると、固有法とは、第一の意味での固有法それ自体がすでに別の外来の法の影響を受けている可能性があること、そして現代的な文脈で非西洋諸国に移植された近代西洋法が将来に移植先の地域の固有法の一部となる可能性があることをも念頭においた概念である。

千葉が、このような意味での固有法概念の歴史性を明確に論じたもののひとつが、編著 *Asian Indigenous Law: In Interaction with Received Law* 所収の論文である（Chiba 1986）。また、法一般の歴史性については、著書『現代・法人類学』においてすでに強調していた（千葉 一九六九：二五七）。これらの論点は、千葉が日本法あるいは日本の固有法の歴史的発展を念頭におきながら法の多元的構造についての理論構築を目指したことにも直結しており、千葉法学全体を見渡してみれば一貫している。

にもかかわらず、歴史的産物として、そして未来形としての固有法を導くアイデンティティ法原理という千葉の概念が、無時間的・本質論的だという批判、およびそうした批判に関する有用な考察がある（たとえば広渡 二〇〇四：二八二、角田 二〇〇九：三五―三六、馬場 二〇〇九：一一一、一二五―一二六）。それは、薗巳晴（二〇〇九：五三）が指摘したように、千葉自身の議論が人間的法主体の次元を前提としつつも、結果的に社会的法主体を中心としたことで

「本質主義的に聞こえてしまう」ためである。そして、千葉法学におけるさまざまな支流を総合的に理解するならば、北村隆憲（二〇一五：七〇）が指摘したように、本来「千葉理論に本質主義的な読解は似合わない」のである。

前節で私は、社会的法主体の法が固有の普遍性を獲得していくプロセスを、特別な人間的法主体としての第三の法主体の問題として考える可能性を議論したが、本節ではもうひとつの視点として、法の支配の問題として考えることを提案したい。地域固有の法の普遍化を議論する際に、法の多元化との緊張関係のうえに実現されるものとして、その地域特有の「法の支配」の根本的原理をアイデンティティ法原理の問題として考える論点である[22]。

法の支配という立場からアイデンティティ法原理を考える視点は、人間的法主体の実践的側面を強調した本章3節の議論を、社会的法主体の構造的側面から補強するためのものである。すなわち、法の普遍性は、人間的法主体および特別な人間的法主体である第三の法主体の良心、理性、行為の次元のみで議論してはならないと考えるからである。人間的法主体そして第三の法主体を支配する法の存在を考えることが、歴史的産物としての固有法を法の支配の論点から考えることの意義である。そのことは、次節で述べる「法文化」概念の問題にもつながっている。

5　法文化——人間的法主体を支配するもの

法文化の概念をもちいる意義は、法をその道具的機能のみで理解することを相対化することにある。いいかえれば、人間的法主体が主体的にもちいる道具としての法は、すでにその内容が社会文化的に意味づけられており、またその使い方自体も意味づけられている。人間的法主体は、社会的法主体において歴史的に育まれてきた価値あるいはドグマから自由にはなりえないということである。

千葉は、大別すると二つの意味で法文化概念をもちいている。すなわち、文化統合としての法の姿を社会的法主体ごとに経験的に観察する広義の法文化論と、法の道具的（手段的）機能に対置される法の象徴的機能（千葉 一九八八：一六六、一九九一：一七）をそれぞれの社会的法主体において観察する狭義の法文化論との二つである。[23]

第一の広義の法文化論としてみれば、千葉の研究は、たとえばクリフォード・ギアーツ（一九九二）やローレンス・ローゼン（二〇一一）の手法と論点を共有する。すなわち、日常経験をカテゴリー化し、さまざまな経験を互いに結びつけ、全体として意味のある世界を構成する文化システムとしてのコモンセンスと、その一部をなす関係秩序の枠組としての法の姿を議論する立場である。これは、〈他者〉の法を考えるためだけの議論ではなく、〈われわれ〉の法に潜む社会文化的なドグマを批判的に把握するものだ。

第二の法の象徴的機能（法を表すシンボルの役割ではなく、シンボルとしての法の役割）についての千葉の論点は、①規範と事実とのズレを繕う社会的擬制、および②無数の逸脱によって道具的機能が脅かされつつも、妥当性自体がひろく支持されているような法に備わる意味づけ、価値づけの力に着目したことである。千葉の、このような法文化論は国際的にみて先駆的な試みだった（北村 一九九二：七五）。

千葉法学全体の文脈における法文化論の意義は、人間的法主体の主体性の側面のみで説明しきれない法の姿を捉える点にある。千葉が、人間的法主体の重要性を論じながら、にもかかわらず社会的法主体の次元に関する議論に傾いたのは、人間的法主体——道具的に法を使う人間——への〈確信〉と同時に〈懐疑[24]〉を抱いていたからであろう。意味そして価値の体系としての法文化は、ときに利己的な人間的法主体を支配する。千葉の社会的法主体論ならびに法文化論は、人間的法主体が、このようなドグマとしての法（文化）から「自由」な存在ではありえないことを示す。そして、人間的法主体は、共通の意味と価値の共同体の存在をむしろ必要とする。ターンブルのいう「孤独なアフリカ人」は、植民地状況下において、そのような世界を奪われた存在だったにちがいない。

すでに述べたように、第Ⅰ部で論じたオルタナティブ・ジャスティス論は、法の暴力に対する批判にねざすが、永久に法を否定したり、放棄したりはしない。オルタナティブ・ジャスティスを必要とするのは、むしろ他者を知る法の理論としてのリーガル・プルーラリズムの方なのだ。当事者間の合意、そして裁定者の良心、理性、あるいは判断能力は、正義実現の拠り所となる。これは、人間的法主体そして第三の法主体への〈確信〉の土台にある考え方だ。そうした人間的法主体と第三の法主体は、自らを支配するドグマとしての法（文化）に対して、そこから自由ではありえないばかりか、それを求める存在でもある。続く諸章においては、このような問題意識のうえに、東アフリカの文脈における法の探究とはいかなるものであるかを考えていくことにしたい。

千葉は、二〇〇二年の論文「総合比較法学の推進を願う」（千葉 二〇一五の第三章に再掲）で「非西欧法研究」と「非西欧法学」との区別について論じた。すなわち、前者が非西欧法（アジア法）を従来の法学の手法で研究対象とし、後者が非西欧法（アジア法）に特有の理論と方法によって研究対象とすることを目指す法学の一領域だと位置づけている。それ以前の著作では用語上の区別を明確にしていなかったことを千葉自身が認めているが、千葉の探究は、非西欧法あるいはアジア法を研究対象とすることに留まらず、新しい方法論で非西欧法研究を非西欧法学に、アジア法研究をアジア法学に発展させ、総合比較法学を展望することだった[25]（千葉 二〇一五：四八）。

鈴木敬夫（二〇一五）は、千葉法学の意義について次のように述べている――「千葉法哲学が指し示す『法学の生』の営みとは、客体視され虐げられている人間の所在を世界に問い、その〈認識される客体に主体性を認める〉ことでなければならないだろう。それはまた、我われが法と文化を擁護する使命をもった『歴史の主体』であるという認識を共有する途でもあろう」（鈴木 二〇一五：四八）。

第四章　アフリカ法の柔軟性と確定性
――イゲンベ地方の婚資請求訴訟の分析から

1　生きている法かゾンビ法か

一九五九年、ロンドン大学東洋アフリカ学院教授のアントニー・アロットを中心に「アフリカ法成文化事業」（Restatement of African Law Project）が始まった。当時イギリス植民地支配下にあったケニア、マラウィ、ザンビア、ガーナ等を実施対象とするもので、一連の『成文アフリカ法』はその成果刊行物である。私が手にしているケニア篇（Cotran 1968; 1969a）は、国内主要民族それぞれの慣習法の具体的内容を条文形式で記録している。

この『成文アフリカ法』の手法について、当時すでに次のような批判があった――アフリカ各地の固有法は、個別の文脈のなかでそのつど内容が発見され、柔軟に利用されている。そのような固有法を「慣習法」[1]の名のもとにあらかじめ一般化して記述することはできない。[2]その内容を箇条書きの規則集として確定すると、生きている法としての固有法をゾンビ法化してしまうからである。

ここでいう「ゾンビ法」は私の造語だが（Ishida 2010: 164）、その含意は今日にいたるまでずっといわれつづけてきたことでもある。すなわち、「国家公認の慣習法」（official customary law）は、もはや「生きている慣習法」（living customary law）ではなく、それとは異質な性格を持つ存在だということが、アフリカ法に関する研究と実務でくりかえし指摘されてきた（Himonga 2011: 33-34; Zenker and Hoehne 2018: 4）。

一九八〇年代のアフリカ法研究は、「伝統の創造」論や歴史人類学的手法を受容しながら政治経済的「文脈」（Moore 1989: 300）に着目した分析にみるべき成果があった（たとえばChanock 1985; Moore 1986; Mann and Roberts eds. 1991）。法は強者の武器にもなれば弱者の武器にもなる。民主主義的な含意を持つ場合も反民主主義的な含意を持つ場合もある（Zenker and Hoehne 2018: 14）。これらの研究は、国家公認の慣習法のうちに、現地エリートを含む植民地体制側の、あるいは体制に抗する側の政治的作為を捉え、在来の固有法からの変化を見る。[3]このような文脈論は、社会のなかに埋め込まれた法の現実の姿を捉える点で説得力がある。

研究者が時間をかけて新たな問いを開いていく一方で、実務者は、法の観察・発見に留まらず、目の前の問題解決がそのつど求められるし、慣習法を含む全体としてのアフリカ法[4]の内容をどう確定するかという問いに経験的、具体的に応えていかなければならない。その点で、法実務の現場には独特の困難がある（Rosen 1978: 27-28; Zenker and Hoehne 2018: 2, 9）。法の内容を確定するとは、研究者の純粋にアカデミックな関心よりも一歩踏み込んで、法の創出《ジュリスジェネシス》（法を定義することで法を生み出すこと）と法の治療《ジュリスパシック》（異物とみなされる部分を法から除去すること）とを同時に施すことだ。ここには独特のパラドクスが含まれている。生きている法としての固有法と国家公認の慣習法との間のギャップを解消しようとすると、他者を排除するような新たなギャップを生み出してしまう（Zenker and Hoehne 2018: 18）。古くからあるこの問題は、本書第一章で述べた法の呪縛圏に相当し、かつてもいまも慣習法の根本的問題とみなされている（Ubink 2011: 83）。

　ケニア版『成文アフリカ法』（Cotran 1968; 1969a）は、アロットのもとユージン・コトラン[5]が編纂したもので、ケニア国内の諸民族それぞれの慣習法の具体的内容を詳細に記述している[6]。人類学者の手による事業として出発したタンザニアにおける国家主導の成文化事業のそれと違って、イギリス人法律家・法学者のコトランによる成文化事業の成果は、イギリス式の法律英語を尽くした法律文書としての性格が強いと評価されている（Twining 1964: 43-44）。

　ケニア版『成文アフリカ法』は、慣習法典として利用されることを企図したものではなかったが（Allott 1968: viii）、現在にいたるまで、司法の現場で慣習法についての手引きないし典拠（authority）として利用されている。[7] 私が一九九九年と二〇〇〇年に調査を実施したケニア西部のキシイ裁判所では、慣習法の具体的内容について判例が参照されていたほか、かつてコトランによる成文化事業に参加し、ロンドン大学東洋アフリカ学院に留学した経験を持ち、また後にグシイ慣習法についての著作（Nyang'era 1999）を刊行することになる人物が専門家証人として出廷していた（第六章）。他方、二〇〇五年に裁判記録を閲覧したイゲンベ地方の拠点都市マウア町の裁判所では、『成文アフリカ法』が慣習法の具体的内容に関する唯一の典拠だった。

本書で「婚資請求訴訟」と呼ぶマウア裁判所の民事訴訟の一部で、裁判官は、一九六八年に出版された『成文アフリカ法』の内容を手がかりに、原告が請求する未払の婚資のうち「過剰」な部分を認めなかった。つまり、裁判官は、『成文アフリカ法』の内容に照らして婚資についての原告の請求額が「妥当」か否かを判断していたのだ。

ケニアの制定法は、国内諸民族の多様な慣習法の具体的内容を明確に規定していない。そのため裁判官は、専門家証人の証言を考慮したり、判例や『成文アフリカ法』等の文献を参照したりすることで、慣習法に基づく請求や証言を調べる。そのような典拠がなければ、原告の請求内容の妥当性を「客観的」に査定することは不可能である。私は、『成文アフリカ法』が裁判官の判断基準として利用されることで、慣習法の普遍的適用を実現する点を、その肯定的側面において評価している。

むろん法の確定性を書かれた法の存在のみに由来するものと考えるべきではない。そして、法の確定性を、押しつけとしてのみ考えるべきでもない。法は、発見され利用されると同時に、未来のものとして希求されるものなのだ。本章は、マウア裁判所における民事裁判記録を題材に、そして私自身のこれまでの内省的考察を加えて、求められるものとしてのアフリカ法の確定性という論点について考察する。

2　マウア裁判所婚資請求訴訟

現在私が調査対象にしているイゲンベは、メル民族を構成する九つの「部族」(サブグループ)のひとつである。調査の過程で、集落内の世帯構成と人間関係、農地の所有・利用状況や商品作物の生産・流通などに関する基礎データの収集に加えて、村落内部での固有法利用の実態観察を継続してきた(Ishida 2008; 2014; 2017; 2018)。これに加えて、二〇〇七年には、中心都市マウア町にある地方裁判所で婚姻慣習法に基づく婚資請求と判決について裁判記録の閲覧をおこなった。

イゲンベ地方において、ケニア公式司法における通常裁判を担うのはマウア裁判所である。私が裁判記録を閲覧した時点では地方裁判所のみが設置されていたが、後に高等裁判所が併置された。地域の各行政区には、地方行政府(州行政長官、各県行政長官、行政官からなるキャリ

マウア裁判所

ア組織）の指揮下で、草の根の行政ならびに治安維持を担うノンキャリアで地元採用の行政首長がいる。ケニアには、たとえばケニア西部のグシイ地方のように、行政首長が村内の民事紛争の調停で中核的な役割を担う地域もある。他方、イゲンベ地方の行政首長は、殺人事件や窃盗事件の容疑者逮捕などにおいて地方行政府ならびに警察と協同したり、裁判所で証言したりするが、財産紛争や妖術告発の処理は多くを長老結社にゆだねている。

イゲンベを含む全メル地方の民族社会では、ジュリチェケと呼ばれる伝統的な長老結社が発達してきた。所定の手続を経て入社した長老たちが、固有法に関するさまざまな知識を秘匿する有資格者集団とみなされている。住民の大多数を占める非結社員・素人の一般村民は、当事者間での話しあいで解決しえない紛争をしばしば長老結社主宰の寄合に持ち込む。その場で長老の助言によっても解決しえない場合に活用されるのが、本書第Ⅰ部で触れたムーマだ。ムーマは、長老結社の承認・監督のもとで実施されるべきものとみなされている。一般村民が秘密裏におこなうと、災厄の発現によって虚偽の証言をした側が明らかになった後の呪力除去に支障をきたすことになるからだ。

とはいえ一般村民は、常に長老結社に問題解決をゆだねたり、ムーマに訴えたりするわけではない。村民は、固有法の解釈や運用の現場から排除されてはおらず、婚資にかかる交渉事などは後見人の助言に従いながら自分たちの手で進める。たとえば、私自身が観察した村内で発生した殺人賠償の支払（二〇〇一年から二〇一五年にかけての計四件）、結婚式前夜の姻族間交渉（二〇〇四年）、妖術告発（二〇〇五年から多数）、性犯罪者に対する集団的制裁（二〇〇六年）、名の知れぬ妖術者に対する集団呪詛（二〇一二年、二〇一六年）などでは、長老結社の成員でもあり固有法に精通した後見人の助言を仰いだり、年齢組（後述）の組織力を活かしたりしながら、自分たちの力で解決を図っていた。

二〇〇七年八月、イゲンベ地方の中心都市にあるマウア裁判所で民事訴訟記録を閲覧した。二〇〇五年までの一〇年間の審理記録のうち婚資支払請求の全ファイルが対象である。これらは、原告の娘の結婚に際して支払われるべき婚資（家畜、蜂蜜など）[9]が未払なので、被告（娘の夫または夫の父親）はただちに支払えという請求だった。全件が「メル慣習法」（慣習法概念

ジュリチェケによる裁判

性犯罪者に対する集団的制裁

については本章注1）に基づく請求だが、原告が求める婚資の具体的内容を比較すると、請求の具体的内容は訴状ごとに異なっていることがわかる。

訴状の様式自体は定式化されており、次の事項を箇条書きで述べるのが通例である。①原告ならびに被告について、それぞれ「通常の判断能力を持つ成人男性（または女性）である」こと、ならびに裁判進行中の連絡先（郵便配達制度が導入されていないので、郵便局私書箱を使う。弁護士事務所気付にするか、本人訴訟であれば行政首長気付にすることが多い）。②婚資未払が問題となっている婚姻が成立した年とその条件（慣習法による結婚であれば、「メル慣習法によって結婚した」などと記す）。③被告の原告に対する請求内容（たとえば、婚資として支払われるべき品の具体的内容とその評価額）。④マウア裁判所に当該請求の管轄権があること。⑤原告と被告の間に他に係争中の裁判がないこと、である。

表1は、私が閲覧した婚資請求訴訟全二五件の内訳である。一九九五年から二〇〇五年の一〇年間の間に訴状が提出された計三一件のうち、二五件の民事訴訟を閲覧できた。

原告による訴状提出後、裁判所は、被告に対してその旨を通達する。被告は、裁判所に赴いて、所定の期間内に抗弁書を提出する。被告側が訴状について内容確認をしたにもかかわらず必要な手続を怠る場合、原告は一方的判決を求めることができる。

被告が応じない場合に原告は一方的判決を求めることができると述べたが、後出の諸事例が示すとおり、裁判官は、原告が主張する未払の婚資の請求のうち「過剰」と判断した部分につ

表1　マウア裁判所婚資請求訴訟の内訳

判決確定	一方的判決	6
	判決	4
	和解	2
裁判外紛争処理		1
棄却		1
係争中		7
被告側、訴状未受理		4
総計		25

表2　『成文アフリカ法』記載のメル各地方の婚資標準額（Cotran 1968: 38）

	雌羊	雌牛（未経産）	雄牛	山羊	蜂蜜（壷）
イメンティ地方	1	1	2		1
ニジ地方		1	1	15	1
ニャンベネ地方		1	1	7	1
ザラカ地方		4	1	48	

いては、被告に対して支払を命じなかった。どこまでが「妥当」な請求内容か、どこからが「過剰」な請求内容かを判断するうえで、裁判官が参照したのが『成文アフリカ法』の記載内容である。『成文アフリカ法』は、メル民族の婚姻慣習法の内容を明記し、全メル地方内部の地域差を認めている。それによると、イゲンベ（ニャンベネ）地方を含む各地の婚資の「標準額」は表2のとおりである。

私自身、現在のイゲンベ地方の農村で、婚資として「標準的」に支払われる額について多くの年長者に聞き取りをおこなった。そこで得た調査データ（Ishida 2008: 195-198）では、雄牛一頭の要不要については年長者の間で意見が分かれたが、その他の点では『成文アフリカ法』に記載された一九六八年（刊行年）当時の「標準額」と、私が聞き取りをおこなった時点で年長者たちが理解する「標準額」との間には大きな差はみられなかった。そのことから、マウア裁判所で裁判官が参照している『成文アフリカ法』の記載内容は、刊行時から四十年経った二〇〇八年当時においても、イゲンベ地方については概ね妥当といえるだろう。

ただし、次の三点を強調しなければならない。すなわち、①イゲンベ地方の婚資は両家の間の長期にわたるやりとりのなかで段階的に支払われる。②新しい夫婦が同居を開始するのに先立って、婚資が全額完済されることはない（婚資の額に関する交渉は同居に先立っておこなわれる）。③支払うべき家畜の種類と数については、それを明記した『成文アフリカ法』のような文書が草の根レベルで流通しているわけではない。

結果的に、イゲンベ地方の農村で支払われている婚資の具体的内容は、現在も一九六八年当時も現実には多様化しており（Cotran 1968: xiv-xv）、「標準額」のとおりに完済されているケースは稀だ。以下の婚資請求訴訟三事例でも、原告が請求する婚資の具体的内容は事例ごとにきわめて多様である。

【事例１】マウア裁判所民事訴訟二〇〇一年八七号（Adriano Kaîthia M'Tarîchia vs. Isaac Mûgambi M'Mujurî, Principal Magistrate's Court at Maûa, Civil Case No 87 of 2001）

表3　事例1における婚資の請求と判決（裁判記録をもとに石田作成）

品目	原告評価額	判決
雄山羊　1頭	10,000シリング	認定
ミラーの雄山羊　1頭*	5,000シリング	認定
羊（雄羊）　1頭	10,000シリング	
蜂蜜　1壷	4,000シリング	認定
山羊　5頭	15,000シリング	認定
雌羊　1頭	1,000シリング	
雌牛　1頭	15,000シリング	
雌牛（未経産）　1頭	10,000シリング	認定
原告夫妻のためのスーツ	4,000シリング	
雌牛（未経産）　1頭**	10,000シリング	
総額	86,000シリング	

*「ミラーの雄山羊」は、嗜好品ミラーに続いて贈与するものとして他の山羊と区別される。
**この雌牛が、訴状では「ンクリオ」と呼称され、もう一頭の雌牛（未経産）と区別されていた。

本件で請求された未払の婚資の具体的内容は表3のとおりである。

訴状ならびに二〇〇一年一〇月一八日の審理で、原告は次のとおり証言した。①被告は一九九五年に原告の娘とメル慣習法により結婚した。②被告は原告にミラー[10]一束を贈与し、原告の娘を自宅に連れ帰った。③二〇〇一年六月、被告は二人の子どもと一緒に原告の娘を婚家から追い出した。④被告は、その後、別の女性と結婚した。⑤被告は、逆に、一九万二〇〇〇シリングを原告に請求している（その理由は定かでない）。⑥被告は、原告の娘を追放したが、離婚は成立していない。

本件は、被告が抗弁せず一方的判決が導かれたが、訴状どおりに原告の請求が認められたわけではない。裁判官は、『成文アフリカ法』の記載内容を参考に、原告が請求した未払分の婚資品目の一部のみの支払を被告に命じた。二〇〇一年一一月二二日の判決（一方的判決）で、裁判官は、原告の娘と被告との間には別居後も離婚は成立しておらず（被告が結婚し同居を始めた女性は第二夫人とみなす）、被告は原告の娘（第一夫人）に対する婚資支払の義務があると認めた。そのうえで、両家の間で婚資の内容と額について事前の交渉ならびに合意がなかったこともふまえ、『成文アフリカ法』に記載されている婚資の「標準額」を参考に、雌牛（未経産）一頭、雄牛一頭、山羊七頭、蜂蜜一壷の請求を妥当と認めた。スーツと毛布は、婚資ではなく贈答品と位置づけ、請求対象にならない（not actionable）と判断した。羊二頭、雌牛二頭についても過剰な請求とみなされた。

【事例2】マウア裁判所民事訴訟二〇〇二年三三号（David Kîthia vs. Pius Kaa Kamûrû, Principal Magistrate's Courts at Maûa, Civil Case No 33 of 2002）

本件で請求された未払の婚資の具体的内容は表4のとおりである。

訴状で、原告は次のとおり述べた。①被告は一九九八年に原告の娘とメル慣習法により結婚した。②原告の娘と被告との間には子どもがいる。③被告は婚資を支払っていない。これに対して、被告は抗弁書において次のとおり述べた。①被告は原告の娘と結婚している。②被告は婚資の一部分（ほとんど全額）をすでに支払っている。③被告は婚資の支払を拒んでいない。④メル慣習法では、婚資は長期にわたって少しずつ支払っていくものである。

表4　事例2における婚資の請求と判決（裁判記録をもとに石田作成）

品目	原告評価額	被告抗弁	判決
雄山羊　1頭	8,000シリング	支払い済	支払い済
雄羊　1頭	5,000シリング	支払い済	支払い済
雌山羊　1頭	2,000シリング		
雌羊　1頭	1,000シリング		
山羊　5頭	10,000シリング	支払い済	支払い済
雌牛（未経産）　2頭	20,000シリング		1頭のみ認定
雄牛　1頭	8,000シリング		認定
原告夫妻のためのスーツ	4,000シリング	支払い済	
蜂蜜　1壷	1,500シリング		認定
総額	59,500シリング		

二〇〇二年一一月一日の審理で、原告は、婚資の具体的内容について被告と話しあいをしたことがないこと、以前に婚資の支払を被告本人に直接要求したことはなかったが、被告の父親には伝えていたことを付け加えた。これに対し、被告は、雄山羊一頭、雄羊一頭、山羊五頭、毛布二枚をすでに支払ったこと、自分自身は慣習法の内容に疎いので原告が求める品をすべて支払う用意があることを付け加えた。その後、二〇〇三年一月二九日の審理では、被告は、雌牛（未経産）一頭、雄牛一頭、雄羊一頭をこれから支払う必要があると自ら述べている。一月三一日には、被告の妻（原告の娘）と婚資の受け渡しに立ち会った人物が被告側証人として出廷し、すでに支払った額について被告の主張が正しい旨証言した。

裁判官は、雌牛（未経産）一頭、雄牛一頭ならびに蜂蜜一壷を支払うよう被告に命じた。これは、原告、被告、証人の証言を吟味した結果、①原告が山羊六頭と雄羊一頭（ここでは山羊と雄羊は等価とみなされている）をすで

表5　事例3における婚資の請求と判決（裁判記録をもとに石田作成）

品目	原告評価額	判決
雌牛（未経産）　1頭	5,000 シリング	認定
雄牛　1頭	10,000 シリング	認定
山羊　10頭	10,000 シリング	
贈答品（食糧）	1,000 シリング	
蜂蜜　1壷	1,000 シリング	認定
雄羊　1頭	1,000 シリング	認定
雄山羊　1頭	2,000 シリング	認定
贈答品	1,000 シリング	
毛布　2枚	600 シリング	
総計	35,200 シリング	

に受けとっていると認め、②『成文アフリカ法』に記載された婚資の「標準額」から支払済の山羊六頭ならびに雄羊一頭を差し引いた分が未払だと認めたことによる。

【事例3】 マウア裁判所民事訴訟一九九八年二三号(M'Mauta Mwenda vs. Karangi Manyara, Senior Resident Magistrate's Court at Maûa, Civil Case No 23 of 1998)

本件で請求された未払の婚資の具体的内容は表5のとおりである。

訴状で、原告は次のとおり述べた。①被告は原告の娘とメル慣習法により結婚した。②原告の娘と被告との間には三人の子どもがいる。③被告は婚資を支払っていない。被告は抗弁書を提出せず、法廷にも現れなかった。

一九九八年一一月一三日の審理で、原告は次のように述べた。①被告に雄羊一頭、雄山羊一頭ならびに贈答品としての食糧を求めたところ、被告は「ミラーの雄山羊」（ミラーの贈与に続いて提供すべき雄山羊）一頭を持参した。②原告は、被告が婚資の未払分を支払うことを求める。③被告は牛四頭、山羊五頭を所有しており、ミラー栽培による収入もあるため、婚資の支払能力がある。裁判官は、次のような一方的判決を導いた。イゲンベにおける婚資の「適正額」として、雌牛（未経産）一頭、雄牛一頭、雄羊一頭、雄山羊一頭、ならびに蜂蜜一壷の支払を被告に命ずる。現金・衣服・食糧品は贈答品であり、請求対象にはならない。このように判決で雄羊と雄山羊はそれぞれ一頭ずつの請求を認められたが、それらを含めた総数としての山羊七頭が認められなかったのは、裁判官が『成文アフリカ法』を参照せずに判決を導いたからであろう。

以上三件の裁判事例は、すべて同一の裁判官が審理したものである。事例1と2では、原告の請求内容について、『成文アフリカ法』の記載内容を参考に、「過剰」な部分は認めなかった。二例に先立つ事例3では、『成文アフリカ法』を参照せずに判決が導かれたが、マウア裁判所では、たとえ一方的判決の場合でも、「過剰」な婚資請求がまかり通ることはない。

ここでは詳述しないが、右の三例と同じ裁判官が原告の婚資請求を厳しく批判した事例がひとつあった。マウア裁判所民事訴訟一九九七年一〇九号は、原告が雌牛（未経産）一頭、雄牛一頭、山羊五頭、雌羊一頭を請求した裁判だったが、裁判官は、被告に対して雌牛（未経産）一頭のみの支払を命じた。これは原告ならびに被告の証言を検証したうえで、原告が雌牛（未経産）一頭以外の婚資をすでに受けとっているという判断を裁判官が導いたことによる。この事件について興味深いのは、裁判官が、①原告は娘夫婦に圧力をかけて不当に家畜を得ようとしている、②女性は家畜と交換取引される商品ではない、と述べて、婚資を二重取りしようとした原告の態度を厳しく批判したことである（詳細はIshida 2010：162）。

私が閲覧したマウア裁判所における婚資請求訴訟は、婚資の支払を慣習婚の成立要件とみなす形式的規定、あるいはそれを根拠とする訴えを起点とするものだった。すなわち、原告は、この種の形式的規定を根拠に自分の娘の結婚について婚資を要求していた。だが、姻族関係は尊敬関係だとする現地の道徳観からすると、姻族どうしが法廷で相争うことは望ましくない。私自身、結婚の準備段階における贈答品（婚資とはみなされない飲食品）をめぐる交渉で、新婦側親族が新郎側親族に対して公然と要求を突きつける様子を観察したことがある（Ishida 2008：199-206）。だが、合意のうえに同居を開始した後の両家の関係は、姻族（アゾニ）どうしは互いに尊敬（ンゾニ）の関係にあるという道徳的規範を体現する関係となった。婚資の大部分は依然として未払であるが、その支払をめぐって両家の間で意見対立が表面化することはありえない。

本節でみたマウア裁判所の婚資請求訴訟は、次の二つの結婚観の対立が根底にある。①イゲンベ地方では、慣習法による婚姻の成立要件として婚資の支払が求められている。妻側親族（とくに妻の父親）は夫側親族による婚資の支払を当然のこととして期待できる。②イゲンベ地方の慣習婚（慣習法による結婚）では、婚資の支払は長期にわたりおこなわれるのが通例であり、相手側に過剰な経済的負担を強いてまで婚資の即時支払を要求すべきではない。

右の二つの結婚観は、どちらも理にかなっており、マウア裁判所の裁判官はそのことをよく理解している。だからこそ裁判官は婚資請求そのものを却下することはしない。そして、たとえ一方的判決の場合でも「過剰」な婚資請求をそのまま容認もしない。こうした状況で導く判決において、慣習法の普遍的適用を可能にしているのが、典拠としての『成文アフリカ法』である。

3　婚資をめぐる人類学的発見

担当する文化人類学講義の学期末試験で何度か次のような問を出題したことがある——「東アフリカ地域における婚資の支払を人身売買として説明できないとすれば、それはどのような理由によるか。その理由を説明しなさい」。いろいろな解答が可能だが、次のような趣旨の説明は正答としてきた。婚資は、両当事者・両家の関係を育むことを目的とする。したがって、売り手と買い手の関係構築を目的とせず、額面どおりに支払うような「等価交換」型の売買とは異なる。そして、時限を定めて全額決済するのではなく、支払う側（夫方）と受け取る側（妻方）との間で継続的にやりとりされ、やりとりそれ自体が関係構築の一部となっている。以上の理由から、婚資の支払は人身売買とは異なる。

右のように婚資を理解するならば、未払分の婚資の支払を求める原告側の主張にしても、標準額の支払を命じる判決にしても、婚資の社会的・道徳的意義に反するものとみえるであろう。三事例の補足として最後に言及したマウア裁判所民事訴訟一九九七年一〇九号の裁判で、女性は家畜と交換取引される商品ではないとして、裁判官が婚資の支払を求める原告を厳しく批判したのは、右の点を考慮すれば妥当な判断だった。

形式主義的な主張は、常にではないが、[11] 社会的・道徳的な正しさと衝突するものだ。身分契約論を展開する第Ⅲ部では、法の形式主義と反形式主義の緊張が主題となる。そこでみるように、形式主義的な関係規定と反形式主義的（実質的）な関係理解との対立は、家族法の領域にさえ浸透し、当事者の意見対立として現れる。長期にわたり継続的かつ親密な信頼関係を育んできたはずの相手が、突如、形式主義的な関係規定を根拠に社会的・道徳的な正しさに反する「利己的」な訴えをするならば、そのような目論見はそう簡単に実現しない。

形式的な関係規定を仮定しているのは、婚資の支払が慣習婚の成立要件だと主張する当事者や、そうした当事者の主張に法のことばを加える弁護士、あるいは標準額の請求のみを認める裁判官だけではない。研究者もまた、このような形式的な取引モデルに準じて婚姻を含む身分契約を理解することがある。

本書における身分契約批判は、むろん法の形式主義を攻撃するためではない。形式主義と反形式主義の緊張を、正義実現に資する法の生命として理解するためである。イゲンベ地方における婚資そして婚姻の法的意義について求められる人類学的発見とは、そこに内在する形式主義と反形式主義の緊張を理解することであり、両相ともに等しくその社会的基盤を理解することである。

事例1で、雌牛二頭（経産牛と未経産牛それぞれ一頭）が「過剰」な請求として却下された。このことについて、次の点から若干の考察を加えたい。すなわち、原告提出の訴状では、雌牛（未経産）二頭のうち一頭が「ンクリオ」と呼称され、訴状中のもう一頭の雌牛（未経産）と区別されていた点についてである。

イゲンベ社会では、子どもは母方オジ（母の兄弟）から特別な支援を受けて成長する。他方、母方オジは、子ども（姉妹の子ども）が成長した末に、それまでの支援に対する返礼を受けることができる。返礼の品とされるのが「ンクリオ」と呼ばれる雌牛（未経産）である。本事例でも、「ンクリオ」と明記して別の雌牛と区別されていたので、婚資請求にあわせて子どもに対する物質的支援の対価を求めたものと解釈できる。では、なぜ事例1において、ンクリオが請求されたのだろうか。

すでに述べたように、イゲンベ地方における婚資は、両家の関係を育むことを目的とするものであり、やりとりそれ自体が関係構築の一部となるように支払う側（夫方）と受け取る側（妻方）との間で継続的にやりとりされる。夫方から妻方への「婚資」の支払は、子の出生の後、母方オジから子どもに対する特別な支援として少しずつ「返済」されていく。成長した暁の子どもから母方オジへのンクリオの贈与は、右の「返済」に対する「返済」となり、結果的にもともとの「婚資」の支払と同一方向で支払われる。そして、夫方から妻方への「婚資」の支払が長年にわたって少しずつ進行する場合、両家の間のンクリオの支払がもともとの「婚資」の支払に時間的に追いついてしまうことが起こりうるのである。

婚資を婚姻成立要件という側面だけで理解するならば、事例1の原告が婚資の一部としてンクリオを請求したことには、明らかな「混同」があった。だが、右のように両家の関係構築・維持という側面そして次の点を含めて理解するならば、かならずしも「混同」とみなすことはできない。すなわち、イゲンベ地方における「婚資」は、あえて現地のことばに翻訳すると「ルラーシオ」であり、『成文アフリカ法』においても婚資を意味するメル語の概念としてそれが紹介されている（Cotran 1968: 38）。だが、私は、ルラーシオの意味が「婚資」の意味に限られないことを学んだ。すなわち、二〇〇一年以降に観察した四件の殺人賠償でも、殺人賠償として支払われる家畜がルラーシオと呼ばれていた（Ishida 2017: 184）。そこから私が理解したのは、ルラーシオとは「婚資」に限らず、しかるべき代償として支払われる家畜を――そして、家畜のやりとりを通じて人間関係を育むプロセスを――意味する一般概念だということである。

4　個人を語る社会、社会を語る社会

前節では、『成文アフリカ法』が、裁判所における慣習法の普遍的適用を可能にする点に着目した。だが、本章冒頭で述べたように、裁判所における慣習法そして地域社会における固有法の確定性と普遍的適用について、書かれた法の存在のみに由来すると考えるべきではない。そして、法の確定性を、押しつけられたものとしてのみ考えるべきではない。私は、その点について自らの経験を通じて学んだことがある。

ケニアでの調査研究に着手する以前の一九九五年と一九九六年、私はパプアニューギニア高地エンガ地方の一農村に滞在した。合計すると四カ月弱の滞在だった。滞在を開始して間もなくの一九九五年八月五日の夜に、こんなことがあった。ホームステイ先で最も世話になったイクナスという男性とその父ミゲルから、彼らの祖先の名前を教えてもらった。高齢のミゲルは、自分からみて五世代上にあたる祖先マリピンの名に触れ、その息子たちの名前を挙げて次のように述べ、エンガ語を理解できない私のために、イクナスが共通語のトクピシンに通訳してくれた。

ミゲル　カマヌワン…サカロワン…マユム…ナレ…

イクナス　彼がいうには、マリピンには四人の息子がいた。カマヌワン、ナレ、マユム…〔失念したためミゲルに聞く。そしてサカロワンと言って欲しかったはずだが…〕

ミゲル　アンガレアン、コンバン、ワユリン〔ミゲルが名前を挙げるとイクナスが復唱〕

イクナス　マリピンには六人の息子がいた。第一がカマヌワン、第二がナレ、第四がマユム、第五がアンガレアン、第六がワユリンだ。[12]〔サカロワンとコンバンへの言及を失念している〕

ミゲルは、マリピンの父にあたる六世代上の祖先の名前まで記憶している。これは、ミゲルが稀有な記憶力あるいは高齢者の知恵を備えているからこそではない。それから二十年以上が経過した二〇一七年にふたたびこの地を訪れるようになった私は、同じように遠い祖先の名を記憶する人びとに何度も出会った。

もともと文字を持たないエンガ地方の人びとがこれほどまでに祖先の名前を記憶できるのはなぜか。それは、エンガ社会が、人類学者がいうところの分節リネージ体系を想起させるような男系社会だから、すなわち祖先の個人名を連ねた系譜を、大中小の親族集団（出自集団）の入れ子構造と結びつけて記憶してきたからである。いいかえると、マリピンは共通の祖先を抱く最大の親族集団の名前として、カマヌワンはその下位の親族集団の名前として、そしてカマヌワンの息子はさらにその下位の親族集団の名前として、それぞれ記憶されてきたのである。

親族集団への帰属が土地をめぐる権利に結びついており、ある祖先の子孫であることは、その祖先から受け継いだ土地に対して権利を持つ証となる。

一九九九年のこと、ケニア西部グシイ地方で新たな調査地を得た私は、ふたたび祖先の名前を複数世代に及んで記憶する人びとに出会った。グシイがエンガと同様の分節構造を持つ社会だったためである（松園 一九九九：二三八―二四二）。人類学者による比較研究の代表例としてかつて注目された「ニューギニア高地におけるアフリカン・モデル」[13]を再検討（バーンズ 一九八二）するうえで好適な二つの調査地に身を置いたからこその経験だった。

二〇〇一年にイゲンベ地方で調査を開始したとき、私は、エンガ地方とグシイ地方での調査手法をそのまま持ち込んで、人びとの系譜関係を調べ、社会の分節構造を把握しようとした。だが、そのような手法でデータを集めようとしても思いどおりにいかなかった。エンガやグシイでみたような大中小の親族集団の入れ子構造がどうしても見出せなかったのだ。物知りといわれる年長者でさえ、自分の祖先の名前を遠く遡ることはできなかった。曾祖父の名前を知らないというインフォーマントを前にして、仮面ダンサーが正体を明かさないのと同様の、独特の秘密主義があるのではないかと訝ったほどだ。

もちろん、そのような秘密主義ではなかった。イゲンベ社会はエンガとグシイに同じく男系社会であるが、自分の祖父母より前の祖先の名を記憶している人びとは、じっさいに数少ない。イゲンベはそもそも分節リネージ体系を持つ社会ではない。クランは共通の祖先を抱き、内婚

エンガ地方における結婚式（1995年）

を禁止する親族集団と認識されているものの、クランの名前は共通の祖先の個人名に因んではいない。クラン内部の多数の分派もまたそれぞれの始祖を名乗らない。イゲンベは、自他識別の第一の基準を親族集団への帰属ではなく年齢組[14]への帰属に求める社会だったのだ。ある人物に彼/彼女の隣人について尋ねると、当該の隣人が所属するクラン名を知らない場合でも、所属する年齢組なら知っているということはよくあった。

やがて、それぞれの地域固有の人生観において、エンガの男たちが男系的系譜のなかで自分の名を遺すことに執着し（Meggitt 1965: 29, 87）、グシイの男たちが祖先として適切な扱いをうけることを求める（松園 一九七九：七九－八〇、一九八三：六六三－六六四）のに対して、イゲンベの男たちは、個人の名を遺すことにも祖先として処遇されることにも積極的な価値を求めないとわかった[15]。平等主義と非人格性を教理とする社会の横顔がここにもみられる。親族集団への帰属が土地への権利に結びつくとみなす考え方は、土地登記事業が導入された一九八〇年代末から一九九〇年代にかけて一時的に力を得たが、もともと地域固有のものではなかった[16]。

イゲンベの人びとは自分たちの祖先の個人名と系譜を記憶しないが、だからといって歴史に無関心というわけではない。人びとは自分たちの歴史をむしろ雄弁に語る。そして、その歴史とは個人〔＝個人とその親族関係〕を語るものではなく、社会〔＝年齢組を基層とする社会〕を語るものとしての歴史である。私はそのことを学んだ。

イゲンベ地方の伝統的な社会構造は、各村落・親族集団を越えた民族全体の法を求め、育む固有のメカニズムを備えている。私は、イゲンベ社会のこの特徴について、これをいま述べたような自らの内省的経験として学んだ。そして、それが西ケニア・キプシギスの伝統的な統治のシステム（小馬 一九九七、二〇一六）と同様の社会的基盤によるものだとわかった。キプシギス社会は、人治を排除し法治を実現する固有のメカニズムを備えてきた。個人間・集団間抗争の解決のために招かれる助言的裁判官は、個別の利害を超越する他者性を内包する。そのような他者性は、各村を越えた横のつながりを生み出す年齢体系を土台に、民族的統合を可能にする。この統治者なき平等社会は、民族としての枠組において育まれる「自然の法」（pitet）に支配されている。

エンガ・タケ・アンダ（2009年リニューアルのエンガ地方における郷土史研究事業の拠点）

イゲンベ地方、さらにはイゲンベを含むメル地方における、民族の法の普遍的適用が真に意味することについて、私は、最近になってようやく理解できるようになった。だからこそ、私自身のこれまでの態度についても反省できるようになった。

私は、二〇〇五年以来、ケニア国立博物館を拠点とする共同研究事業にとりくんでいる。ニューギニア高地エンガ地方における郷土史研究事業[17]を手本にして、ケニア人の研究協力者とともにイゲンベを含むメル民族の在来知の記録を進めている。二〇〇七年に刊行した最初の編著は、二〇〇八年に改訂版、二〇一六年に第三版を刊行した（Njũgũna, Mũgambi and Ishida eds.

2016)。ほか、二〇一四年にはメルをはじめとするケニア山周辺諸民族社会の平和文化をテーマとする別の編著を刊行した（Njũgũna, Mũgambi and Ishida eds. 2014）。これらのとりまとめの過程で、私はケニア人メンバーに対して、個人の経験の多様性とそれぞれの文脈を考慮した記述を心掛けること、そして一般化した記述の場合にもできるだけ具体的事例の裏付けを求めていた。ケニア人メンバーたちが、メル民族全体の環境利用・物質文化・社会制度などについて、まるで事典や教科書を書くかのように総論的・一般的に、あるいは本質主義的に記述することを目指しているように見えたからである。

ケニア人メンバーたちは、私からの要望を理解し、できるだけ受け入れようとしてくれた。だが、私は、自分が正しいと固く信じてきた手法——個＝個人を通じて社会を語る民族誌の手法——が〈社会を語る社会〉としてのイゲンベそしてメルの民族社会の指向性にどこか馴染まないところがあると考えるようになった。いいかえると、イゲンベを含むメルの人びとが、民族社会全体を横に貫くかたちで組織された年齢組体系と長老結社の存在を通じて民族的統合と民族固有法の一般化を指向する社会に生きていることが理解できるようになった。

5　アフリカ法を求める

成文化事業を植民地支配の産物と捉えることは一面的な理解だ。アフリカ慣習法に確固たる

「法」の地位を認めることには、むしろ脱植民地的含意がある。ケニアにおける成文化事業は、もともと植民地行政側からの反対論があり、容易に実現可能ではなかった。[18] 裁判所が適用可能な慣習法を成文化すると、植民地行政への司法の——そして司法を通じたさまざまな「部外者」の——介入を許し、植民地体制の矛盾が露呈することにもつながるためである（Shadle 1999: 417, 419）。植民地行政府は、アフリカ人当事者間の紛争解決を行政官が監督すべきだと考え、アフリカ人向けの裁判を植民地司法制度に統合（一元化）することにも反対していた。裁判制度の一元化が制度上実現[19]したのは〔ケニア独立の前年にあたる〕一九六二年のアフリカ人裁判所法の改正以降であり（Twining 1964: 29; Ghai and McAuslan 1970: 361-362）、一九六七年のアフリカ人裁判所の地方裁判所への統廃合によって、アフリカ法の成文化に対する現場からのニーズが高まっていった。

アフリカ慣習法はもともと文字化されていない固有法に由来するので、成文法について認められる以上の柔軟性を本来的に持つ。けれども、このような意味での柔軟性は、裁判官の恣意的な慣習法適用を容認しない。現代アフリカ諸国の多くが直面する司法の腐敗・汚職問題をみれば、この点はとくに重要だ（Ringera 2003; Okoye 2004）。

裁判所は、新しい社会規範を作り出していく開かれた場である。そうした場では、信頼に足る記録が十分に提供され、場当たり的な判断に基づかない法利用が求められる。『成文アフリカ法』は、慣習法運用における目に見える判断基準を提供した点でメリットがある。『成文アフリカ法』に示された慣習法の具体的内容に関する記述について、それと異なる多様な見解とつきあわせ内容を更新していく作業を重ねていくことで、アフリカ慣習法における新しい規範形成に寄与できるはずである（Hinz and Kwenani 2006）。それが、私自身が関わっているケニア国立博物館を拠点とする共同研究事業の目指すところでもある。

本章で述べたように、イゲンベを含むメルの民族社会の場合には、民族社会全体を横に貫いて組織された年齢組体系と長老結社が、法の一般化そして〈社会を語る社会〉を支える制度的基盤になっている。あくまでも相対的な比較ではあるが、イゲンベが〈社会を語る社会〉であり〈個人を覆い隠す社会〉であるのに対して、グシイはむしろ〈個人を語る社会〉である。もちろんのこと、法の確定性を支えるメカニズムを比較するには、深層の社会的基盤に照らした分析が必要であり、本書で提示したデータのみでは十分とはいえない。

第六章で分析するグシイの婚姻成立要件を争点とする裁判は、容易に一般化を許さない法の姿が顕著である。これは、つづく第五章の主題となる形式主義／反形式主義の対立という、法に内在するコンフリクトに由来する。そのようななかで、裁判官はいかにして法の普遍的適用を実現するのか。

千葉（一九九一：一六四）は、柔軟性を特徴とするアフリカ法について、当事者の持つ親族組織上の身分関係が、法の確定性に寄与する補完機能を果たすことを指摘した。千葉の指摘は、アフリカ法における確定性と不確定性のパラドクスを指摘したマックス・グラックマンの研究をふまえている。グラックマンの民族誌（Gluckman 1955）は、北ローデシア・バロツェ人の司法過程を記述し、親族間の義務をめぐる道徳的期待からみて正しいと確信する結論が、判決理由の妥当性を見極める以前にすでに裁判人たちの手にあることを見た。すなわち、本書第八章であらためて論じるとおり、正義実現に向かう法の目的指向性が、法の確定性を補完するのである。

III

人を知る法の理論

第五章　人と人との絆を律する法
——身分契約の人類学

1　身分契約は特殊な契約か

婚姻は契約か。それが当事者双方の意思表示の合致によって成立する身分上の取決めであり、かつ双方に対して拘束的な権利義務関係をもたらすことから、婚姻を「身分契約」と呼ぶことがある。契約は、個人の自由を観念するものとして、「近代の全法体系における基本概念としての確固たる地位を占める」（金山 二〇〇四：一八七）。そして、婚姻を契約とみなすのは、「婚姻締結の自由と婚姻が当事者の婚姻意思の合致によって成立することをより鮮明に説明できるからである」（泉 一九八三：二一三）。

だが同時に、婚姻＝契約説は、次のような留保をおくのが普通である。すなわち、自由意思の合致による権利義務発生のメカニズムを特徴とする点において、婚姻＝身分契約は「通常」の財産法上の契約と同様だが、効果として生ずる婚姻関係と市場取引における当事者間関係とは性質が明らかに異なる。[1] ゆえに「婚姻は契約（婚姻の締結）によって成立するが、契約関係ではない」（泉 一九八三：一二三五―一二三六）とする、締結局面に限った婚姻＝契約説の理解が一般的である。こうして、婚姻は契約であるが、財産法上の契約と異なっており、多くの点で特殊の性格を持つと理解されている（青山 一九六四：一七）。

このように法学者は「身分契約」の締結局面における自由意思の積極的意義を認めるけれども、効果の側面において「通常」の契約と異なる存在である点を重視して、身分契約を例外化する。その結果、法学における身分契約の理論構築は、むしろ消極的だ。

社会人類学者は、法学者が「身分契約」と呼ぶ関係構築手続を積極的に研究対象としてきたが、結婚＝契約説における右の留保を突き詰めて考えなかった。[2] 社会人類学には、ロバート・マレット（Marett 1933）をはじめ、盟約（covenant）と契約（contract）との区別を次のように理解してきた伝統がある。すなわち、盟約とは道徳的義務による合意であり、宗教的制裁によって実効化される。他方、契約とは法によって規整され、公的機関による強制に従う（Firth 1936; Radcliffe-Brown 1940; Shack 1963; Colson 1974）。法と道徳との峻別によるこの区別に照らすと、婚姻は、盟約と契約との両方の性質をあわせ持つ。だが、法か道徳かによる区別だけでは身分契約自体を説明する枠組にはならない。[3]

法学と人類学とを架橋する法人類学は、ある観点から「契約」と分類され、別の観点からはそうした分類が退けられてきた身分契約の社会的組成をもっと積極的に研究対象にしてよいはずだ。マックス・ウェーバー『法社会学』は、婚姻ならびに兄弟契約を「身分契約」として概念化し、市場における財貨取引に顕著な「目的契約」と対比した。これは、社会科学一般における代表的な論点のひとつであり、人類学・社会学における交換論や、民法や法社会学の研究者の間で少し前に話題になった関係的契約論等でも、同じような二項対立が登場する。[4]

本章は、目的契約と身分契約との間の古典的な二項対立を組み替える。ウェーバーは、目的契約と身分契約との対比のうちに形式主義と反形式主義との対立を見た。対して、ここでは、財産法上の契約のうちに、さらには婚姻・兄弟分・養子縁組に代表される身分契約のうちに、互いに対立する二つの定式化（形式的規定と実質的理解）の契機を認める。これが本章の主要な論点だ。以下、人類学・社会学・基礎法学における関連諸研究の知見をふまえた考察により、法人類学による身分契約の基礎理論を示したい。

本章の趣旨は、婚姻を「契約」という法概念で語ることを、人類学者に求めることではない。婚姻について法学者が「契約」概念を基軸に考えてきたことを、つまり婚姻の成立条件における形式主義の所在をめぐる理論的問題をひとつの手がかりにして、人と人との絆を律する規範の社会的組成を考えるための枠組を提示することを企図している。

2　義務的贈答の諸原則は近代の契約法に抵抗する

次に引用する文章は、マルセル・モース『贈与論』の一節である。[5]

今日《こんにち》では、古いさまざまな原理が抵抗を起こし、現代のわたしたちの法規範がもつ冷厳さや抽象性や非人間性に抗している。この点で、生まれつつある現代の法のある部分については、そして、さまざまな慣習のなかでも最近の慣習についてでは、それらが逆に昔に立ち戻ることを旨としていると言えるだろう。（モース 二〇一四：三九八）

「今日」とは原著が書かれた一九二〇年代のことであり、「古いさまざまな原理」が意味するのは、西洋近代の契約法が発達する以前の取引形態を特徴づけていた贈与の諸原則のことである。すなわち、第一に、相互に義務を負い、契約をするのは個人ではなくて集団であること。第二に、経済的に有用な物だけが交換されるのではないこと。第三に、給付および反対給付は、贈り物として任意になされているようにみえるが、じっさいには義務的贈答であること。すなわち、受けた贈り物に対してお返しをすることのみならず、贈り物を与え贈り物を受けることもまた義務であること。モースによれば、これらは「未開社会」の贈与を特徴づける「全体的給付」の諸原則である。

モースによると、義務的贈答を特徴とする交換形態は、交換される財物それ自体に、交換する人物の人格と霊魂の一部が否応なく混入されるという観念によって補強されている。すなわち、贈られた財物は生命を付与されているので、物の移転によって創設される契約関係は、物そのものが持つ霊と霊の間の紐帯である。返礼を強制するのは贈り物をめぐるこのような観念である。義務的贈答においては「物が人の手を経巡る流れが、さまざまな権利や人が移動する流れにほかなら」ず（モース 二〇一四：二九八）、財物の交換は対人関係の創造と維持の契機である。そして、交換の回避は対人関係の切断を意味する。モースは、このような観点から、物の法と人の法との結合こそ恒久不変の契約倫理だと論述し（モース 二〇一四：六一）、物々交換から現実売買へ、さらには信用取引へという経済史・法制史における古典的理解は誤っていて、「贈与は必然的に信用という観念をともなう」と述べた（モース 二〇一四：二一二）。

冒頭の引用文のとおり、モースは、「古いさまざまな原理」が西洋近代の法とりわけ契約法に「抗している」といったが、後者（近代契約法）については、次のように理解していた。すなわち、近代においては、交換と取引の現場で合理主義と個人主義を突き詰めたところに、契約自由の原則が支配的な位置づけを得た。物の法から人の法を引きはがし、厳格性・抽象性・非情性を特徴とするような取引の有り様が現れて、そこで期待される効果は物質的効用の観点から一律に規定されるようになった。

冒頭の引用文における「昔に立ち戻ること」とは、義務的贈答の道徳を回復する企てである。形式的合理化は法の「不可避的な運命」であるけれども、法の発展過程には常に実質的正義への要請が多方面から突きつけられるのである（ウェーバー 一九七四：五三四）。

3　効率的な経済的交換は社会的交換を伴う

社会学・人類学における交換論の古典的枠組に敷衍していうと、義務的贈答の道徳と契約自由の原則との区別は、社会的交換と経済的交換の区別に置き換えることができる。

ピーター・ブラウ（一九七四）によれば、厳密に経済的な取引においては交換される財の分量を明確にする契約が交わされるけれども、社会的交換においては一方当事者の給付に対する反対給付の具体的内容が特定されず、相互の社会的義務は不特定のままにおかれる。もっとも社会的交換においても、当事者の一方は他方の当事者が返礼をおこなうであろうことを期待しているのであり、相互の信頼こそがそのような期待に十分な根拠を与える。まさにこの信頼関係の確立という点において、社会的交換は経済的交換から区別される。[6]

ブラウは、以上の区別を提示したうえで、批判的観点を加えた。すなわち、第一に、交換取引における相互の信頼関係は、結局のところは将来を見越した取引費用の節約という動機づけを伴うのが普通である。つまり、返礼が社会的交換を動機づけるという意味においては、「選択行動に暗黙に含まれる効用最大化について社会的交換の研究が仮定していることは、消費の研究で経済学者が仮定していることとほとんど違わない」（ブラウ 一九七四：八五）。第二に、純粋に経済的とされる取引においてさえ、「各選択肢のもつ意義は単一の要因に限定されることはめったにない」（ブラウ 一九七四：八五）。要するに、効用最大化の原理をまったく含まない社会的交換や、当事者の間に信頼関係の要素が一切存在しないような純粋の経済的交換を想定することは難しい[7]。

じっさい、取引費用の節約を最大限に高めるには、本来的には利益追求型の打算的な取引でありながらも信頼を伴う道徳的な取引であるほうが目的にかなうにちがいない。おそらく、「社会的交換は有利性の徹底的な打算と愛の純粋な表現との間の中間ケースである」というブラウの意味においての「社会的交換」は、むしろ最も効率的な「経済的交換」にとって不可欠の条件だろう。

同様に、エドマンド・リーチ（一九八五）は、経済的交換と社会的交換の区別について次のように述べた。すなわち、社会的交換と区別され、独自の位置づけを与えられた経済的交換のモデルは、「資本主義社会の賃金―貨幣経済が与える幻想」にほかならない[8]。リーチとブラウとはこの点で一致する。ただし、ブラウは交換を個人主義的かつ経済学的なモデルによって説明したけれども、リーチは交換をコミュニケーションの媒体として捉えた。リーチによれば、交換される物は、個々人が自らをとりまく社会の内部で自分の位置づけをくりかえし主張し、そのような主張を発するときにもちいる「言語」である。

　このような論点からただちに想起するのは『親族の基本構造』におけるレヴィ＝ストロース（二〇〇〇）の議論だ。すなわち、人びとを互いに結びつける手段をもたらすかぎりは、交換にはそれ自体で社会的価値があり、交換の価値は交換される物の価値に尽くされない。対人・対集団関係の媒介という本来の目的から外れて物が過剰に取引されたり、交換される物に対して「記号としての用途、コミュニケーションとしての用途」をあてがわなかったりするならば、それは「言語の濫用」にほかならない[9]。

　要するに、モースがいう義務的贈答の道徳が抵抗する契約自由の原則は、信頼関係が欠如した交換取引の基本的特徴である。また、信頼関係が欠如した交換取引は、レヴィ＝ストロースがいう「記号の濫用」を特徴とする行為形態である。そして、元来、そうした交換取引は、現実の社会生活において純粋なかたちでは働かないのである。

4　交換論と契約論とは社会学的論点を共有する

　以上で論じた社会学・人類学の交換論における二つの二項対立は、以下で述べるとおり、法社会学ならびに一部民法学の契約法研究における別の二項対立（関係的契約と単発的契約との対立）への読み替えが可能である。

契約自由の原則／義務的贈答の道徳
経済的交換／社会的交換
単発的契約／関係的契約

関係的契約論を基礎づけたイアン・マクニール（Macneil 1980）によれば、契約とは、将来の交換を思い描くことである。一般に、契約を将来の交換取引についての完全かつ拘束的な計画立案として、つまり契約を交換約束として理解する見方がある。マクニールは、このような契約モデルを「単発的契約」（discrete contract）と呼び、それとは異なる契約モデルとしての「関係的契約」（relational contract）を論じた。単発的契約では、物の交換取引の他には当事者の間に何の人間関係も存在しない。他方、関係的契約は、交換取引の場に限定されない諸関係への広がりを持つ。

単発的契約における当事者間関係は、各々が有する独自の人格やアイデンティティを一切問わない匿名的で形式的な取引関係であり、そこから得られる利益以外に契約関係を成立させる動機づけはない。両者の間で交換されるのは現金あるいは価格が明らかで容易に査定可能な商品であり、将来の取引内容は合意の段階において完全に計画される。計画は迅速に実行に移されるので、当事者間関係の持続期間は長期化しない。契約義務の内容は当事者どうしの約束によって定められるが、それが義務として保証されるためにはそれを強制する外部機関が必要とされる。他方の関係的契約は、置換不可能な独自の人格とアイデンティティを備えた個人が非限定的な対人関係を構築していく過程で、執りおこなうような交換取引の形態である。そこでは厳密に均等な利益配分よりも、むしろ相互の公正さが求められる。単発的契約はすぐに終了して別の単発的契約にかかわることを必要とするが、関係的契約は関係維持が規範となる点を特徴とする。

法社会学と民法の分野には、マクニールの学説をふまえて、市場の財貨取引における関係的契約の契機を積極的に評価する契約法研究（棚瀬 一九九九、内田 一九九〇）がある。それら社会学的な色合いの強い契約法研究が明らかにするとおり、財産法上の契約においても、契約自由の原則が貫徹しているわけではない。そこに反形式的側面（実質的な関係理解）を認め、かつその点を積極的に評価する。

以上のように、物の交換を伴う取引の社会的構成を、交換される財物の経済的効用だけで説明するのではなく、交換をおこなう人物が構築する社会関係の価値をも含めてどのように査定するのかという点において、社会学・人類学の交換論と民法・法社会学の批判的契約論とには、共通の社会学的関心が見られるのである。

5　西洋近代の契約法は家族法を排除する

これまでの議論で、契約自由の原則や経済的交換が「純粋」なかたちで働くわけではないことについて述べた。また、批判的な契約法研究が、財産取引をめぐる契約の現場において反形式的な取引の要素を見出したり、あるいは形式的な取引モデルの限界を明らかにしたりしてきたことについて述べた。本章以下、これらの観点をふまえ、冒頭で触れた婚姻＝契約説における留保をあらためて考える。

次のとおり、法思想史上、婚姻における契約自由を積極的に仮定する学説が存在した。その点を加味し、前節までの議論と総合すると、婚姻＝契約説における留保は、身分契約に特有の問題としてよりも、契約法一般に共通する問題と捉えた方がよいことになる。

法思想史上の婚姻＝契約説の問題は、これを明確に定位したカント、あるいはそれに対する批判説においてヘーゲルやサヴィニー[10]に遡ることができる点で（石部 一九七八、泉 一九八三、川島 一九五七）、西洋近代契約法における根本問題のひとつである。カントは、一夫一婦の婚姻関係を、相互に相手の肉体を物として排他的に取得・使用する関係と捉え、これを「物権的対人権」という特殊な概念により理論化した。カントの婚姻＝契約説は、家族法（身分法）上の契約を財産法上の契約にかぎりなく近づけた点で、形式的な婚姻＝契約説である[11]。カントの所説について、川島武宜は「近代的な一夫一婦制婚姻の窮極の思想的基礎を、明快に疑の余地なく解き明かした数少ないものの一つ」と評した。

このようなカントの婚姻理論には、フランス革命期に特有の政治的コンテクストがあるという（泉 一九八三：二三五）。この分野の専門研究者（松本 一九五七、金山 二〇〇四など）によれば、当時、個人の自由を徹底的に追求するという政治目的のために、契約思想が経済取引のみならず家族法の領域においても具体化されるようになった。それ以前、婚姻は教会法上の秘蹟と位置づけられ、離婚の自由が認められていなかった。だが、革命憲法において、婚姻は、意思表示の合致を要件とする民事契約として世俗化され、とりわけ直後の一七九二年離婚法では、同意離婚のみならず、性格の不一致による一方的離婚さえ認められるようになった。

一八〇四年公布の民法典では、契約としての婚姻の特殊性を重視する反形式主義的要請から、前述の離婚の自由は大幅に狭められた（婚姻の成立を意思表示の合致において定式化する理念は、革命憲法に同じく確保されたけれども）。本章冒頭で述べた婚姻＝契約説における留保が、婚姻の根本的世俗化に対する修正策として、ここに現れたのだった。こうした留保の理由について示される一般的理解は、次のとおりである。

契約自由は、財貨の市場取引における基本原則である。他方、家族法における契約自由は、実質的正義の要請あるいは倫理的な観点から、逆に排除ないし制限される。匿名的関係における取引契約のごとく形式的合理性を追求すれば、殺伐とした関係となってしまう。家族法では、権利義務の観点では割り切ることのできない信頼関係の方が重視される。

マックス・ウェーバー（一九七四：一六四）は、この点を捉えて、「家族法の問題における契約の排除ないしは制限」を指摘した。内田貴（一九九〇：六七）は、同様の事柄を逆の観点から述べたロベルト・アンガーの所説を紹介した。すなわち、西洋近代の家族法が形式的な契約法を排除したというよりも、むしろ契約法が反形式主義的な家族法を排除したのだという。要するに、契約法をめぐる問題の本質は、その限定的・規範的性格にあって、近代の契約法には、契約自由の原則について、それが妥当しうる範囲を狭め、その領域から家族法を外していく過程が見られると述べた。

かくして、家族法における契約自由という問題は、法の表舞台から姿を消した。だが、「排除」されたのは、家族法だけではなかった。批判的な契約法研究（たとえば、内田一九九〇）では、財貨取引における関係的契約の契機を積極的に評価するのみならず、契約自由の原則によって一律に財貨取引の組成を規整する理解の仕方に対して、批判的観点を示している。そうした研究は、形式主義的な契約自由のイデオロギー作用が、「現実」の取引契約さえ周辺化することを指摘している。[12]

この議論をふまえると、婚姻＝契約説における留保は、身分契約に特有の問題としてよりも、契約法一般に共通する問題と捉えた方がよいと、そして身分契約が「特殊」な契約として例外化・周辺化されている現状は奇妙ではないかと思いいたる。

これまで、一連の契約法批判のために選ばれてきた研究材料は、いわゆる財貨取引をめぐる契約だった[13]。そうした諸研究では、かつてカントの婚姻＝契約説が定式化したような、身分契約における形式的な取引モデルの所在を批判的に検討することはない。身分契約は、契約論の枠組において例外化され、消極的に語られてきた。そして、その消極性とは対照的に、ウェーバー『法社会学』では、「特殊」な契約としての位置づけが積極的に理論化された。次節は、この仮定された特殊性について論を進める。

6　身分契約は特殊な契約として理論化される

ウェーバー『法社会学』において、「身分契約」は、当事者の人格と地位とを変更する契約類型のことである。他方、「目的契約」は、経済的な諸給付や諸効果の招来のみを目的としており、当事者たちの「身分」にはふれないような合意、したがって当事者たちの新たな「仲間」資格を成立せしめることのないような合意による契約のことである（ウェーバー 一九七四：一二一―一二三）[14]。

ウェーバーによると、身分契約の典型例は、血液や唾の交換、宣誓、自己呪詛など、特定の方式を伴う要式契約としての「兄弟契約」である。兄弟契約とは、その当事者が従来とは質的に別のものに「なる」ことであり、人格的結合をその本質的属性とする。そのためには、「当事者は、別の『霊魂』を自分の中に引き入れなければならないのである。血や唾が混ぜられ、飲まれなければならない。あるいは、別の、これと同等の呪術的手段によって、新たな霊魂の創造というアニミズム的手続がおこなわれなければならない」（ウェーバー 一九七四：一二二）。ウェーバーは、このような契約の効果がいかに保護されるかを考えるうえで、自己呪詛の性格を持つ宣誓に着目した。

他方の目的契約は、経済的な給付や効果の招来のみを目的化し、当の取引協定をこえたところでは将来にわたって約束するような要素をまったく含まない没倫理的・限定的・規定的・抽象的な財貨交換を特徴とする点で、身分契約の対極に位置する契約形態である。すると、形式主義と反形式主義との対立によって特徴づけられる一連の二項対立のリストに、目的契約と身分契約の対立が付け加わる。

契約自由の原則／義務的贈答の道徳
経済的交換／社会的交換
単発的契約／関係的契約
目的契約／身分契約

だが、目的契約と身分契約との対立は、前三者の二項対立とはコンテクストが異なる点に注

表1　目的契約と身分契約

財貨取引	①形式的な取引モデル	②アンチテーゼ
	契約自由の原則 経済的交換 単発的契約 ウェーバーの目的契約	義務的贈答の道徳 社会的交換 関係的契約 –
身分行為	③形式的な取引モデル	④アンチテーゼ
	カントの婚姻＝契約説	ウェーバーの身分契約

意が必要である。前三者は、財貨取引を主題化した契約についての二項対立であり、非限定的・持続的な人間関係の確保を形式主義に対する批判の要とした。その点、目的契約は、経済的交換や単発的契約と同列に、同一の二項対立における形式的な取引モデルの一項として付け加えてもよい。けれども、身分契約は、もとより関係構築（たとえば婚姻締結）を主題とするので、それが確保されるという点で目的契約に対するアンチテーゼをなすとはいえない。そこで、この点をふまえ、比較の枠組を表1のとおり組み替える。

ウェーバーにおける目的契約と身分契約の所在を明らかにすることを目的としたこの表では、目的契約に対するアンチテーゼは、「義務的贈答の道徳」をはじめとする②のすべてである。ウェーバーのいう身分契約に対立する③には、前節の議論をふまえると、たとえばカントの婚姻＝契約説で示された形式合理的な身分行為が該当する。③と④の対立は、一般的な法概念としての身分契約が、ウェーバーがいう身分契約（④）を本来的に指向するとしても、形式的な取引モデル（③）の要素を含みうることを示したものである。この点が、③と④との二項対立を措定することの、理論上の積極的理由である。

要するに、ウェーバーのいう目的契約と身分契約の二項対立を、各々の最も純粋なかたちにおいて捉えた場合には、①と④との「対立」として現れる。もっともウェーバーは、経験的事例（たとえば外婚集団間の女性の交換）を議論する文脈で、④の境域と②の境域とが重複することを指摘していて、②と④とは排他的な関係にない。そのことを認めたうえでも、②とは異なる類型としての④においてウェーバーの「身分契約」を措定するのは、①と②は関係性の有無において、③と④は関係性の性質において、より正確にいえば、①と②は関係構築契機それ自体の有無において、③と④は関係獲得条件をいかに定式化するか（形式的規定／実質的理解）においてそれぞれ形式主義と反形式主義との対立をなすためである。なお、関係獲得条件の定式化過程に現れる形式主義については、次節で具体例を挙げ補論するので、本節では四つの純粋理論モデルの弁別的特徴のみを指摘する。

よって、形式的な取引モデルとそれに対するアンチテーゼといっても、①と②、③と④、あるいはウェーバーの目的契約と身分契約との対立に相当する①と④との間の対立を、各々のコンテクストにおいて理解すべきである。そして、本章冒頭で述べた婚姻＝契約説における留保とは、関係性の定式化における形式主義と反形式主義、すなわち③と④との対立に由来する。

以上の知見から次の二点を指摘したい。第一に、法学の一般概念としての身分契約（③と④を含む広義の概念）が、契約自由の原則が貫徹する「純粋」な契約モデル（①）ならびに財貨取引を目的とした「現実」の契約（①と②の融合）と異なるという観点は理論的に正当化される。そのことからすると、やはり、身分契約は「特殊」な契約である。

しかしながら、第二に、「特殊」な契約としての身分契約の位置づけは、④を純粋モデルとすることによって増幅されてきたともいえる。興味深いことに、財貨取引を目的化した契約が、形式主義的な①の類型を純粋モデルとしたのに対し、身分契約は反形式主義的な④の類型を純粋モデルとしたという、もうひとつの対比がここに現れるのである。だが、くりかえし論じてきたように、形式主義と反形式主義との鋭い対立は、理論的には、財貨取引と身分行為との両者で、共通に認められるものなのだ。

7　身分契約における形式的な取引モデル

以上、本章は、「通常」の契約とは異なるとされる身分契約の社会的組成について議論してきた。そして、身分契約の「特殊性」について、次の二つの観点を示した。

第一に、これまでの諸研究をふまえ、一般に想定されている身分契約の「特殊性」について再考の余地があることを指摘した。その理由として、次の点に論及した。①「通常」の契約においても、契約自由の原則（義務的贈答に対する）または経済的交換（社会的交換に対する）が、純粋なかたちで働くわけではないこと、②形式主義と反形式主義との対立は、財産法上の契約のみならず身分契約においても問題化すること、である。

第二に、それでもやはり、身分契約は「特殊」な契約である。そして、本章は、身分契約が「特殊」な契約である所以を、理論的に突き詰めて考えてみた。すなわち、①関係性の有無においてではなく、関係性の定式化の様態において、形式的な取引モデルに対するアンチテーゼが問題となること、②財産法上の契約とは逆に、反形式主義的なモデルが「純粋」モデルとみなされてきたことである。身分契約の特殊性はこの二点に由来する。

続く第六章は、婚姻における形式的な取引モデルの働きについての事例研究にあてる。そこでは、身分契約の組成を把握するための対概念、すなわち「形式的な関係規定」と「実質的な関係理解」のダイコトミー[15]を提唱する。

裁判や調停の場で主張表明をおこなう当事者が、自らの利害関心を剝き出しのまま相手にぶつけるのではなく、何らかの定式化をしたうえで表明するならば、形式的規定と実質的理解とは、そのような定式化の質的特徴を捉えるための分析概念である。こうした形式的規定と実質的理解の対立は、多様な法律行為において認められる。一方、身分契約について考える場合、「関係」の一語が必要である。人間関係の獲得条件をいかに定式化し、把握するかという点に形式主義をめぐる対立の所在を認めるのである。

ケニア・グシイ社会における婚姻の成立要件をめぐる紛争を扱う次章は、具体的には、次の文脈でこの二つの概念をもちいる。すなわち、形式的な関係規定とは、婚資の支払や身分証明書の記載事項という形式的指標から婚姻の法的意義を規定すること、そして、実質的な関係理解とは、同居や扶養という当該関係の実質的内容から婚姻の法的意義を理解することを意味している。前者は、契約としての婚姻における「方式」の単発性と拘束性を強調し、関係の実体を期待される効果とみなす。他方、後者は、非限定的・持続的関係の所在を長期的スパンで捉えるものだ。

次章の事例研究は、具体的な紛争過程で、形式的な関係規定による主張表明と、実質的な関係理解による主張表明とがぶつかりあう事例（財産分与をめぐる紛争）を分析する。あわせて、特定の形式的な関係規定が、別の形式的な関係規定と対立する事例も取り上げる。この分析枠組は、当事者の意見表明によって導かれる規範形成の現場をミクロな視点で明らかにするための分析ツールである。形式的な関係規定と実質的な関係理解との二項対立は、規範形成の二つの方法を指示したものである。

最後に、予見される次の理論的課題として、ウェーバー法社会学とアフリカ民族学とが共有する古典的テーマについて若干の指摘をおこなう。古典的テーマとは、本章6節で論及した「純粋」な身分契約（④）としての兄弟契約である。すなわち、相補的な援助関係を結ぼうとする二者が、相手に対する忠誠を宣誓するとともに、相手の血液を体内に摂取する儀式、血盟のことである。ウェーバーは、「身分契約」（表1の④）の典型として兄弟契約＝血盟を理論化し、他方、アフリカ民族学には、「血盟」による関係設定行為の社会的機能に関する事例研究の蓄積がある。

アフリカの兄弟契約＝血盟は、二〇世紀初頭までの時期に白人探検家や初期の人類学者が残した記録や、地元社会における口頭伝承が主たる研究リソースである。このように参照可能な資料が限られているのは、血盟が、いわゆる「衰退」した伝統慣行であり、今日では口頭伝承を記録することさえ難しくなったことによる。ゆえに、現代の血盟研究は、必然的に歴史研究の性格を持つ。

血盟に関する民族学研究をレビューしたルーズ・ホワイト（White 1994）は、血液の交換と当事者間の社会関係との二つを、血盟を構成する基本要素と措定したうえで、血盟の歴史は、血液に付与された社会文化的意味の歴史、ならびに社会関係群の歴史という二つの方法で書かれる必要があると展望した。だが、後者の側面については、当事者たちが望むとおりに締結した関係であり、各々の状況に応じてその具体的内容が決まっていたと一般化するにとどめ、むしろ前者の側面を高度に理論化し、それを手がかりとする「歴史叙述」を考案した。ホワイトは、別稿（White 1990）において、市場経済と植民地行政が東アフリカの諸社会に浸透する過程で現れた都市に潜む吸血鬼をめぐるフォークロアを分析し、一九世紀末の血盟における血液が人格の個別性を備えていたのに対し、吸血鬼が搾取する血液はそうした個別性を欠く匿名的な身体物質だったと対照し、植民地化以降に血液が「まったく新しい別の意味合い」を持つようになったと結論づけた。吸血鬼によって搾取される血液と血盟兄弟分の間で交換される血液とを対照するホワイトの議論は、社会文化的な身体物質としての血液の意味内容において形式主義と反形式主義の所在を捉えており、ホワイトの図式において、血盟は、表1の身分契約④に相当する。

ところで、ホワイトは、血液交換という方式または手続的側面（血盟）に着目し、そこに実体的側面における当事者間関係の比較的特徴を重ねあわせた。ホワイトのこの議論は、一定の方式（血液の交換）が一定の法的効果（兄弟分）を招来するという期待を前提にしている。[16] それは、本章でいうところの形式的な関係規定であり、その意味での血盟は、表1の身分契約③に相当するかのようにみえる。「血盟兄弟分」という概念は、兄弟契約の手続と実体との両方の側面を同時に規定しているようでいて、じっさいのところは手続の側面に大きく依存した概念としてもちいられることがしばしばである。

血盟は、婚姻と同様に「特殊」な契約である。そして、血盟は、ウェーバー『法社会学』において、「純粋」な身分契約として理論化されている。だが、本章で提示した知見からいうと、これまでの社会科学における血盟パラダイムは、形式的な取引モデル（表1の③）に呪縛されていたのである。

第六章　アフリカ法の形式主義と反形式主義
——グシイ慣習婚の成立要件をめぐって

1　法の呼び込み

前章は、交換・契約の形式主義と反形式主義をめぐる、社会人類学と法社会学に共通の論点に触れた。義務的贈答の道徳と契約自由の原則との対立は、社会的交換／経済的交換、身分契約／目的契約、関係的契約／単発的契約といった二項対立と、問いの立て方が似ている。これらの二項対立の一方をなす形式的な取引モデルは、それ自体が純粋なかたちで現実の人間関係や日常生活を支配しているわけではない。だが、それは思いもよらぬところで顔を出すことがある。身分契約は、継続的な人間関係を構築するためで、本来的には相互の信頼によって育まれるような社会関係だが、形式的な取引モデルによって説明されてしまうこともある。身分契約には、そのような意味での両面性がある。

私は、一九九九年にケニア・グシイ地方の中心地キシイ町の裁判所（地裁・高裁）と地域社会の寄合の両方で数多くの紛争事例を見聞きした。[1] とくに注目して分析対象としたのは、慣習婚の成立要件を争点とする裁判である。慣習法を根拠とする形式的な関係規定と、それに対抗する実質的な関係理解との対立が、その主要な争点のひとつだった。

この種の紛争事例を分析する本章は、形式的な関係規定と実質的な関係理解の対立が当事者間の意見対立を構成し、また婚姻の法的定義をめぐる意見対立のなかでさまざまな法の断片が呼び込まれる過程を記述する。[2] そして、このような過程において、本書でこれまで述べてきた意味でのリーガル・プルーラリズムの行方を考察する。すなわち、本章の主な論点は、①当事者の訴えがこのような呼び込みを動かす推力であること、②形式主義と反形式主義の二項対立がそうした呼び込みの起点になること、③呼び込まれるべき法の断片の多様性が現代ケニアの法に備わる多元性に由来していること、そして④裁判人（官）は第三の法主体として法の柔軟性と確定性のパラドクスに向きあいながら法の意義を確定すべきこと、である。

本章では、多彩な法の断片が呼び込まれる過程を理解する具体的な方法として、千葉正士のリーガル・プルーラリズム論における三ダイコトミー分析の手法を使う。ここで三ダイコトミーを使って得られる発見のひとつは、固有法が形式主義と結びつく場合も、反形式主義と結びつく場合もあるということである。本章は、グシイ慣習法による結婚（慣習婚）の成立要件をめぐる紛争事例の分析を手がかりに、異なる背景を持つ複数の法の間の交渉と混淆の現場を描き出す。ケニアの裁判官は、このような状況においていかにして法の普遍的適用という課題に向きあっているのか。右の四つの論点を中心に考察する。

2　配偶者排除の論理の行方

ケニアでは、慣習婚が法的結婚としての地位を認められている。ただし婚姻届の提出によって成立する結婚（民事婚）と違って、慣習婚の内容と手続については制定法による明確な定義づけがない[3]。慣習婚の意義は、それを確定する必要に迫られる場合にそのつど個別の解釈に開かれている。それゆえに解釈の相違が争点となって紛争が生じることがあり、都市部の裁判所と地域社会の寄合においてしばしば審理される。

グシイ地方では、新郎側親族から新婦側親族への家畜や現金による婚資の支払を慣習婚の成立要件とみなす考え方が地域社会のなかに根強くある[4]。だが現実には同居を始める前に婚資を完済する男女は少ない。かといって婚姻届を提出して民事婚を成立させる男女が多いわけでもない。婚資の支払あるいは婚姻届の提出を婚姻の成立要件とみなす形式的な関係規定を厳密に適用するならば、夫婦関係の多くは慣習婚と民事婚のいずれにも該当しない、いわば事実婚の状態にある。

関係良好であるかぎり、そのような事実婚に不都合はない。夫婦共同の日常生活を営むうえで、本人たちもその周囲もその法的根拠を問うことはないし、その必要もない。婚姻届の未提出あるいは婚資の未払を成立要件の欠如とみなして、後からとってつけたように争点化するのは、何らかの事情で関係が破綻し、一方が他方に対して配偶者としての地位と財産権を否定するような事態にいたったときである。本章の事例もそうだが、配偶者の一方が死去した後に、故人の生家と婚家とが遺産の行方をめぐって争い始める場合も多い。

この種の紛争事例では、要するに、婚資の未払という事実を婚姻成立要件の欠如とみなす形式主義的な観点が、配偶者排除の論拠となっている。長期にわたって育んできたはずの信頼関係を裏切られた側の当事者は、別の主張表明の枠組を持ち出して対抗する。すなわち、婚資の支払を慣習婚の成立要件とみなす立場あるいは婚姻届の提出を民事婚の成立要件とみなす立場（形式的な関係規定）に抗して、夫婦関係の実質的内容を重視する立場（実質的な関係理解）をとって反論する。私は、農村の寄合においても都市の裁判所においても、この種の紛争事例を複数観察した。

本章の事例研究では、法が当事者の語りを基礎づける一方で、当事者間の対論と裁判人（官）の判断形成の過程で法それ自体の意味内容が再構成されること、すなわち法の被構成的側面についても明らかにするつもりである。婚資の支払を慣習婚の成立要件とみなす形式主義的な考え方は、裁判所において認定されることもあれば、認定されないこともあった。この点で慣習婚の内容をどう理解し、定義するかという点でばらつきがみられた。だが、注目すべきは、どちらの場合にしても、裁判所は、婚資未払を根拠に配偶者を排除し、財産を独占しようとする側の当事者の目論見を結果的に容認しなかった。その点では一貫していたということだ。

本章でグラディス事件と呼ぶキシイ地裁の裁判事例では、裁判官は、婚資未払の事実婚は慣習婚ではないと判断する一方で、コモンローの事実婚主義における「婚姻の推定」を認めて配偶者としての地位を保証した。裁判所は、婚姻の法的意義を見極めるうえでこのような意味での柔軟性を発揮したのだ。これは、身分契約を形式的な取引モデルに押し込んで理解するのではなく、実質的な信認関係の枠組に戻して解釈しようとする立場にとって手本となるような判決であり、血の通った裁判官の姿を読み取ることのできる裁判でもあった。

これに加えて注目すべきは、「婚姻の推定」を認めたグラディス事件において、裁判所が、形式的な関係規定による婚姻の理解それ自体を退けたわけではなかったことだ。裁判官は、右で述べたように、婚資未払を根拠に「配偶者」を排除しようとする一方当事者の目論見を退け、婚資未払の事実婚をコモンロー婚として認めた。だがそれと同時に、婚資の支払を慣習婚の成立要件とする原則を維持することをあらためて確認し、慣習婚としての法的地位を確保するには婚資の支払が必要だという形式的規定を堅持してみせたのだ。

裁判はルールを機械的に適用する場ではないこと、それと同時に法の普遍的適用を実現すべきこと、私は、この裁判人（官）の判断がこの両面を満たしていた点に注目する。本書第八章であらためて中心的テーマとするが、法は柔軟性を維持しながら確定性を求める。このような法のパラドクスに、ケニアの裁判人（官）はどのように向きあっているのか。それを考えるうえで、この裁判は示唆に富む事例である。

3　オルンバ事件における婚資未払と身分証明書

ケニアでは、農村の寄合（非公式の紛争処理）において観察可能な利害対立の基本構造が、都市の裁判所（公式の紛争処理）で処理された紛争事例のなかに現れることがしばしばある。それは、農村の寄合で満足のいく解決を得られなかった、あるいは端からそう予見した当事者が同じ内容の訴えを都市の裁判所に持ち込むからである。とはいえ、農村の文脈で発生した紛争は、都市の裁判所に持ち込まれた時点で、まったく異なる制度的枠組において処理される。利害対立の基本構造が似通っていても、証拠調べや事実認定などの手続が異なれば、紛争処理の過程はまったく別ものとなる[5]。そして、当事者の主張表明のなかに呼び込まれる法の断片についても多様性が増す。本章では、婚資未払の事実婚の法的位置づけを争点とするようないくつかの民事紛争について、農村の寄合で審理された事例（本節）と都市の裁判所で審理された事例（次節）とをそれぞれ考察する。

私がグシイ農村においてバラザ（行政首長が主宰する大規模寄合）に初めて参加したのは、一九九九年一〇月二日のことである。この日の寄合は、朝九時半に始まった。午後一時半まで休憩抜きで続行し、五件の紛争を審理した。そのうち、審理に一時間を割き、けれども解決にいたらなかった事件があった。ここではこれを「オルンバ事件」と呼ぶ。オルンバはすでに死亡している男性の名前である。一〇月二日の寄合で争ったのは、オルンバの妻（第二夫人）を名乗るニャングウェソと、第一夫人（故人）の息子にあたるジョンとオンボケである。双方は、オルンバの死後、遺産に当たる土地の配分をめぐって久しく争っていた。なお、オルンバ、ジョン、そしてオンボケは皆、ムワオンゴリという名のリネージ（系譜をたどれる範囲の親族からなる出自集団）の成員である。

一〇月二日、第二夫人を名乗るニャングウェソは、自分はオルンバの妻であるのに彼が遺した土地に住むことさえ許されないと首長に愁訴した。彼女には、未婚の息子と一緒にくらす土地が必要だった。

対するジョンとオンボケは、ニャングウェソがオルンバの妻ではないと言い張った。彼らの言い分は次のとおりである。グシイの慣習では、花婿側が花嫁側親族に牛や現金を婚資として贈与することによって結婚が成立する。ニャングウェソがオルンバと同居を始めてからこれまで、そうした婚資の受け渡しは一度もなかった。しかも彼女はオルンバと同居を始める以前にすでに別の男と結婚していたし、オルンバと別居したあとも余所で同居相手を見つけた。この

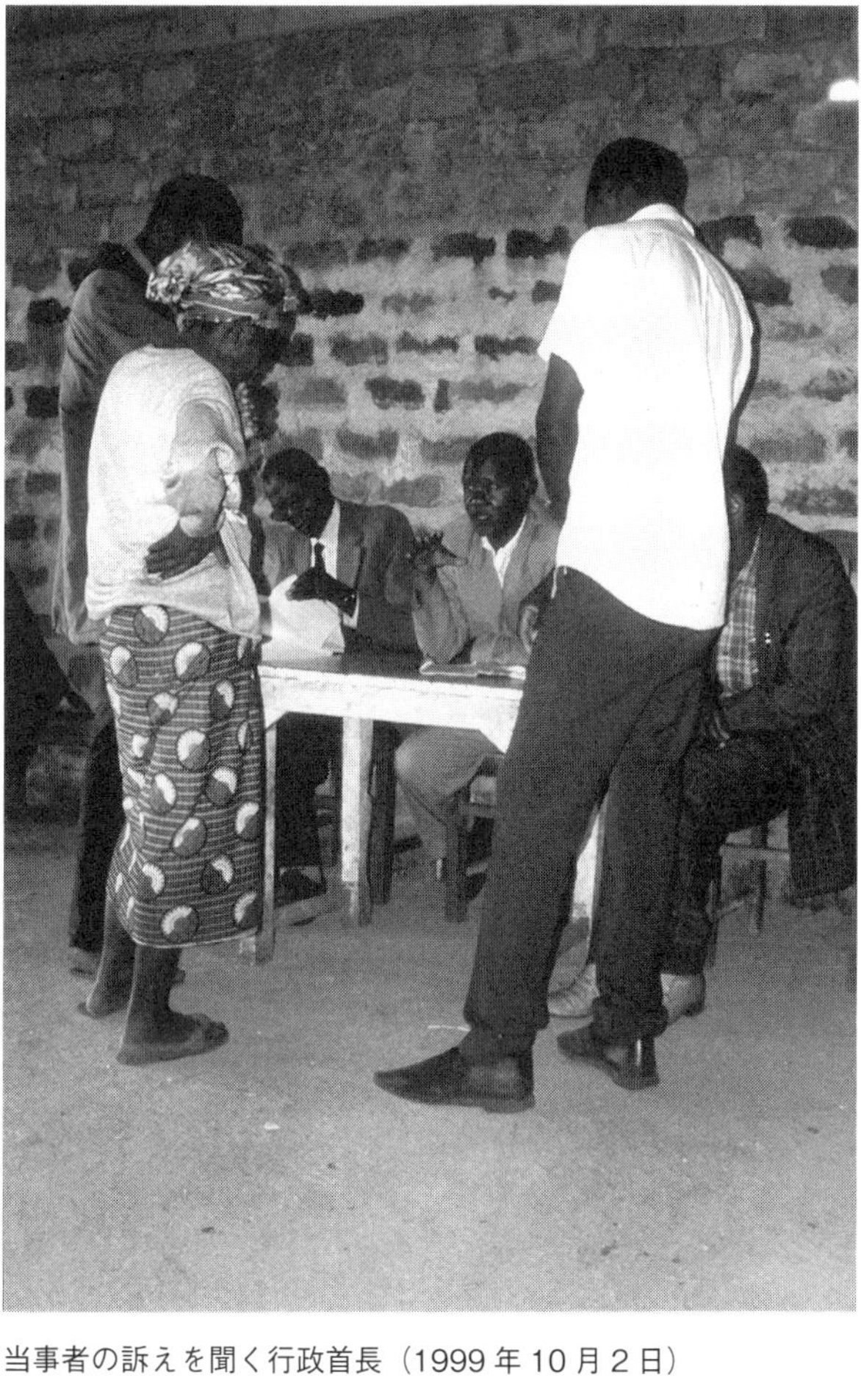

当事者の訴えを聞く行政首長（1999年10月2日）

ように方々を渡り歩いた末、年をとって生活に不安を覚えるようになったので、オルンバと別居して二十年の歳月を経た今、いきなり舞い戻ってきて土地の配分にあずかろうと目論んでいる。ここでの直接の争点は、二十年間留守にしていたことではなく、結婚の際に牛や現金の受け渡しがなかったことだった。

一〇月二日、首長は、一時間をこえて双方の言い分を聞いた。けれども、この事件はリネージ内で解決すべきだといって、もういちど寄合で話しあいをして解決するよう命じた。「もういちど」というのも、この事件は、リネージ内の寄合においてすでに二度も話しあわれていたからである。

寄合の書記担当、オムワンゲが保管する書類に、オルンバ事件を審理した一九九九年七月一七日と八月七日の審理記録があった。両日とも、寄合への参加者全員の名前が記載されており、土地の配分の賛否について参加者各々の立場表明が一覧表示されていた。審理記録によると、七月一七日の寄合に出席した住民たちの多くは、ジョンとオンボケに賛同し、ニャングウェソに土地を配分すべきではないとの立場をとった。裁判人をつとめる寄合の役員たちは、八月に再度話しあいをもち、そのうえで最終的な決断を下すことにした。

八月七日、二度目の寄合が開かれた。こんどはニャングウェソに土地を配分した方がよいのではないかという声が多数を占めた。ある者は、ニャングウェソの息子がオルンバの実子だということを考慮すべきだといった。ある者は、役所で発行されたニャングウェソの身分証明書

グシイ農村で婚資の一部として支払われた牛

には、彼女がオルンバの妻だと判断できる記載事項があることを強調した。

　身分証明書に記載されているニャングウェソの名前には、たしかにオルンバの名が含まれていた。ケニアでは、女性は、国が発行する身分証明書（national identity card）記載の名前を修正して、夫の名前を自分の名前の一部とすることができる。ただし、法（Registration of Persons Act）の定めるところにより、女性が個人名を変更する際には、夫が証人として付き添って署名と指紋押捺をしなければならない。これについて一部の論者は女性に対する差別的法律だと批判しているが、現実的には代替的方法がないという意見が根強くある。夫が証人として妻の個人名変更を承認しないかぎり、女性が無条件に特定の男性の「妻」を名乗ることができないからである。要するに、身分証明書は、このような議論を生むほどに法的効力を発揮するとみなされており、寄合の長老たちもそのことをよく認識している。

長老役員たちは、ニャングウェソの息子がオルンバの実子だという事実と、彼女の身分証明書の記載事項を重視し、またニャングウェソが高齢であることに配慮して、彼女へ土地を配分するべきだという結論にいたった。

ジョンとオンボケを中心とする一派は、ミチョエら長老役員の判決を聞いたとたんに激昂し、ニャングウェソに味方をする一派との間で乱闘が始まった。このような状況では、長老たちがそう認めても、平和的に引っ越してくることなどニャングウェソにはできなかった。本節冒頭で述べたようにニャングウェソは一〇月二日に行政首長に訴えたが、結局何の解決策も示されないままふたたびリネージ内の寄合に差し戻されてしまった。私の知るかぎり、オルンバ事件について、リネージ内で三回目の寄合は開かれることはなかった。

後にインタビューに応じてくれた寄合の長老役員ミチョエの話では、婚資の受け渡しがなかったから慣習に従えばニャングウェソは土地を配分されるべきではないが、身分証明書の内容とニャングウェソの息子がオルンバの実子だという事実を無視することはできなかった。役員たちは、苦しい判断を余儀なくされていたのだ。

意見対立の要点は次のとおりである。ジョンとオンボケ（第一夫人の息子たち）は、二十年間不在だったニャングウェソ（第二夫人を自称）が、いきなり舞い戻ってきて土地の分与を要求するのを認めるわけにはいかなかった。しかも、婚資未払であるから婚姻（慣習婚）関係は存在しなかったと主張した。これに対して、ニャングウェソは、同居の事実そして一人息子がオルンバの実子である事実をもって配偶者の地位と遺産分与を要求した。しかも、自らの身分証明書の記載内容からすると、自分がオルンバの配偶者であることが明らかだと主張した。両当事者の意見対立の基本構造は次のとおりである。

①ジョンとオンボケ（財産分与を拒否）
実質的理解（別居・浮浪→婚姻関係の不在）…パラダイム①S
形式的規定（婚資の未払→婚姻関係の不在）…パラダイム①F
②ニャングウェソ（財産分与を要求）
実質的理解（同居・出産→婚姻関係の存在）…パラダイム②S
形式的規定（身分証明書→婚姻関係の存在）…パラダイム②F

第一回の寄合において、ジョンとオンボケは、婚姻関係の不在を主張するためのパラダイムを、実質的理解（①S）と形式的規定（①F）の両面において選び取ることで、財産分与を拒否した。対するニャングウェソは、実質的理解によって婚姻関係の存在を主張し（②S）、財産分与を要求したのであった。しかしながら、この事例において注意すべきは、第二回の寄合においてニャングウェソが身分証明書の記載内容という別の形式的な関係規定（②F）を持ち出したために、形式的規定どうしがぶつかりあう意見対立（①Fと②F）へと変質したことである。

ここでは次の二点を指摘する。第一に、実質的理解（S）と形式的規定（F）とは、どちらも特定の主張表明を支えるパラダイムだということである。各々の当事者は、財産分与を拒否するか（①）、それとも要求するか（②）という点で対立しているのであって、①Sならびに①Fと②Sならびに②Fとは、それぞれ主張表明のパラダイムとして選び取られなければ、婚資か身分証明書かといった対立関係に振り分けられなかった。身分証明書の記載内容は、この事例では婚姻関係存在の証拠になりえたが、配偶者の名前が含まれていなければ不在の証拠になる場合もあるだろうし、そうだとすれば証拠として取り上げられることはない。つまり、主張表明のパラダイムは、当事者に選び取られることによって意見対立を成型するのである。

第二に、形式的規定は、実質的理解の「定式化」によって生み出されるのではない。どちらも、特定の関係規範の「定式化」、しかし異なったかたちの「定式化」によって生み出されている。婚姻関係とはいかなる関係であるかという点をめぐって、婚資の支払あるいは身分証明書の記載事項といった形式的な指標によって婚姻の法的意義を規定していくのか、あるいは同居、出産、あるいは別居といった関係性の実質的な内容に照らして婚姻の法的意義を理解していくのか。その点で異なる。両者は、婚姻の法的意義をいかに定式化するかという点で大きく異なっているのである。

4　グラディス事件における婚資未払と婚姻の推定

オルンバ事件は、農村の寄合において処理された事例である。オルンバ事件に見られるような意見対立は、地裁や高裁など国の裁判所においても多数扱われ、所定の手続を経て判決が導かれている。では、国の裁判所においては、どのような審理がおこなわれ、いかなる判決が導かれるか。

ここに紹介する事例を、本書ではグラディス事件と呼ぶ。[6] グラディスは、二〇〇〇年二月一七日に四〇歳で病死し、キシイ地裁を舞台にその遺体の埋葬地が争われた女性である。前節で扱ったオルンバ事件と同様に、故人が残した遺産の分与をめぐって、故人の配偶者であると主張する一方の当事者と、その配偶者としての地位を否定しようとする他方の当事者との間で、婚姻の成立要件が争点となった。

裁判の顛末を先にいうと、婚姻の明確な成立要件が存在しなかったにもかかわらず、コモンローにおける事実婚主義の観点から「婚姻の推定」(presumption of marriage) が判決 (二〇〇〇年三月二〇日) において認められた。グラディス事件が示すとおり、グシイの埋葬訴訟では、コモンローが「婚姻の推定」という法的推論を支える典拠として参照されることがある。「婚姻の推定」とは、「両人が合意のもと長期にわたって同居し、夫婦の世評を得ているとき、決定的証拠がなくとも反対の証拠が出されないかぎりにおいて、当事者間の婚姻を推定する」というコモンローにおける事実婚主義の観点を採る事実認定の方法である。[7] 慣習法が婚資の支払を慣習婚成立の法的要件とみなす形式的な関係規定の典拠とされている一方で、「婚姻の推定」によるコモンロー婚は、実質的な関係理解の観点から、慣習法に依拠した主張を突き崩すパラダイムとして参照されるのである。

この訴訟の審理記録には、タイプライターで清書された総計六一頁に及ぶ審理手続録ならびに判決文、その他数多くの判例や法学書の複写が含まれていた。本件では、原告側は原告本人ならびに慣習法専門家として法廷で強い発言力を有する人物を含めて十人の証人が法廷で発言した。他方、被告側は被告本人を含めて二人の証人しか出廷しなかった。つまり、原告側が「婚姻の推定」によってコモンロー婚の存在を証明するには、数多くの証拠の提示と長時間に及ぶ審理を必要としたのである。

さて、グラディスは、生前エガートン大学キシイ校の事務職員として勤務しており、死亡した時点で個人名義の土地を所有していた。この土地は、四六五平米の広さで、キシイ校のすぐ近くにある。グラディス事件における当事者たちの狙いのひとつはグラディス名義の土地の相続権であった。この土地は、グラディスが生家で埋葬されるならば彼女の実父のものとなり、婚家で埋葬されるならば同棲相手側のものとなるから、本件でもグラディスの婚姻上の身分規定が争点となった。

慣習法専門家として法廷に立ったネルソン・ニャンゲラという人物は、自著『グシイ慣習法における男と女の人生』（Nyang'era 1999）を証拠として提出し、参照頁を適宜指示してその内容を要約しながら慣習婚の要件について証言した。法廷で彼が参照を求めた自著の八六頁には、埋葬の直前に婚資支払について妻方両親の同意を取り付けさえすれば「駆け落ちを正当な婚姻だと認める」（legalise the elopement into marriage）ことができると書かれている。これは、同じような意見対立を特徴とする他の訴訟においても彼が一貫して提示してきた証言内容と同じである。彼は、婚資の支払が慣習婚の成立要件だと主張しつつ、埋葬の前に婚資の支払について交渉がまとまれば、じっさいの支払はいつおこなわれてもよいと述べた。

原告は、グラディスと同棲していた男性フレッドの兄弟にあたるロバートとポール、被告はグラディスの実父アンダーソンである。原告らによると、一九八三年にグラディスはフレッドと結婚した。畜産省（Ministry of Livestock）専属の運転手として働いていたフレッドは、一九八七年に業務中の交通事故で死亡するまでに、グラディスとの間に二人の子どもをもうけた。グラディスには別に連れ子が一人いた。さらにフレッドの死後、ロバートが亡き兄の「身替わり」としてグラディスと同衾し、二人の子どもをもうけたので、グラディスが出産した子は合計五人である。

原告らによると婚資の支払はなかったが、グラディスの父アンダーソンは二人の婚姻関係をこれまでずっと認めていた。かつて両家は六万シリング、牛二頭、山羊二頭を支払うことで合意しており、自分たちは今すぐにでも婚資を支払う用意がある。けれどもグラディスの死後アンダーソンは態度を変え、受け取りを拒否している。グラディスとフレッドの夫婦としての関係は広く認知されており、職場に残された職員名簿にはグラディスがフレッドの妻である旨が記載されている。また、フレッドの死後、グラディスは妻の立場で彼を埋葬したし、畜産省から死亡見舞金を妻の立場で受けとっている。グラディスが個人名義で土地を購入した際には、夫フレッドがすでに亡くなっていたので後見人として原告ロバートが立ち会い、しかも代金の一部を供出している。また、死の直前グラディスを病院に連れていったのも、死後に遺体安置所の手続をしたのもロバートである。これらの諸事実を証拠として、原告側弁護士のモマニは、婚資支払の合意が成立していた以上は慣習婚が認定されるべきであり、同時にコモンローの適用によりグラディスとフレッドとの間の「婚姻の推定」も可能だと主張し、原告側のグラディス埋葬権を請求した。

他方でグラディスの父アンダーソンは原告の主張を全面的に否定し、グラディスは未婚だったと主張した。婚資の支払がないかぎり慣習婚は成立しないとの認識を示したうえで、フレッドは婚資を払わなかったし、その交渉も合意もなかったと述べた。被告側弁護士マセセは、慣習婚が不在であることを主張しつつ、イギリスのコモンローが無条件にケニアで適用されるものではないことを強調し、「婚姻の推定」への論点の移行を牽制した。

判決において裁判官は、ニャンゲラ証言のうち婚資の支払が慣習婚の成立要件だとする部分を採用するにとどめ、妻方両親の同意があればよいという部分は積極的に評価しなかった。裁判官は、婚資が支払われていないからフレッドとグラディスの間に慣習婚は成立していないとの結論を導いた。けれども、原告が提示した複数の証拠を勘案し、「婚姻の推定」を認めることが妥当だと判断した。判決では、原告に有利な数多くの証拠が「婚姻の推定」を証明する決定的な証拠群として採用されたのである。

　判決は、グラディスがフレッドの妻であったこと、ならびに原告側に彼女の埋葬権があることを認めた。そのうえで、原告に対して婚資として六万シリング、牛四頭、山羊二頭を裁判所経由で被告側に支払うよう命じた。[8] それは、婚資の支払によって慣習婚を成立させることが可能だとの判断による命令であった。

　意見対立の要点は次のとおりである。故グラディスの生家側（アンダーソン）は、婚資未払を理由に、グラディスとフレッド（故人）の間に婚姻関係は存在しなかったと主張した。これに対して、婚姻関係が存在したと主張するフレッドの兄弟（ロバートとポール）は、具体的な事実を挙げてその根拠とした。すなわち、グラディスとフレッドが同居し、二人の子供にめぐまれ、しかもグラディスの職場でフレッドは配偶者として認知されていた。また、生前のグラディスは、常にフレッドならびにその兄弟の援助を受けていた。したがって、婚姻関係があったと推定されるべきだと主張した。両当事者の意見対立の基本構造は次のとおりである。

③アンダーソン（財産分与を拒否）
形式的規定（婚資の未払→婚姻関係の不在）…パラダイム③F
④ロバート&ポール（財産分与を要求）
実質的理解（同居・出産→婚姻関係の存在）…パラダイム④S

裁判所は、故フレッド（ロバートとポール）の側が提出した多くの証拠を採用し、グラディスとフレッドとの婚姻関係の存在を「推定」した一方で、婚資未払である以上はグラディスとフレッドとの間に「慣習婚」は存在しなかったと判断した。つまり、形式的規定③Fと実質的理解④Sとのいずれについても否定することなく、グラディスの埋葬権ならびに遺産相続については故フレッドの側に認めたわけである。

この絶妙な判決の鍵は、件の夫妻は両人とも死亡しているにもかかわらず、婚資さえ完済すれば、形式的規定（③F）のとおりに「慣習婚」の要件を揃えることができるという論理である。要するに、婚姻関係の不在を主張したアンダーソンは裁判に負けたわけだが、婚資の未払が婚姻関係の不在を指標するという形式的規定のパラダイムそのものが否定されたわけではなかった。

5　婚姻をめぐるリーガル・プルーラリズム

グシイ社会における慣習婚の成立要件をめぐる二つの紛争事例をみると、それぞれ異なる経路で法が呼び込まれていたことがわかる。オルンバ事件において法を呼び込む起点となったのは、形式的な関係規定による主張と、別の形式的な関係規定による主張との対立である。グラディス事件の場合には、形式的な関係規定による主張と、実質的な関係理解による主張との対立だ。二つの事例の共通点は、慣習法が、形式主義的な主張表明を支えるパラダイムとして呼び込まれたことである。紛争処理の現場でこのようにして語られる慣習法は、論理的一貫性を持つ〈紙のうえの法〉のような顔を見せる。

もちろんのこと、他方の当事者が対抗的なパラダイムを選び取るので、このような慣習法の語りが当の当事者が期待する判決にそのまま結びつくわけではない。裁判には、当事者の主張表明を補強すると同時に制約する制度的枠組が備わっている。当事者間の意見対立は、都市部の地裁や高裁など公式の紛争処理機関で審理される場合と、農村で組織されている寄合など非公式の紛争処理機関で審理される場合とで、それぞれ異なるかたちで成型されている。後者の場合には、国民国家そして脱植民地国家としてのケニアのリーガル・プルーラリズムを文脈として、前者とは異なる法の呼び込みがみられた。

このように、本章の事例研究は、形式的な関係規定と実質的な関係理解の対立が当事者間の意見対立を構成し、婚姻の法的定義をめぐる意見対立のなかでさまざまな法の断片が呼び込まれる過程を記述してきた。このような過程は、本書でこれまで述べてきた意味でのリーガル・プルーラリズムの行方を体現するものである。

千葉正士のリーガル・プルーラリズム研究における三ダイコトミー分析の手法は、三つのダイコトミーの組み合わせを把握することで、国家法に対する固有法ならびに非公式法が浸透していく過程（千葉 一九九一：一七四）を明らかにしようとする。そして、本書でいう形式的規定・実質的理解というダイコトミーは、そのうちのひとつである法規則・法前提のダイコトミーを補正している。では、本章の紛争事例の分析に公式法・非公式法ならびに固有法・移植法の二つのダイコトミーを導入すると、どのような「組み合わせ」が得られるか。それを示したのが次の一覧である。

オルンバ事件：非公式の紛争処理（寄合）
パラダイム①F　形式的規定（婚資の未払→婚姻関係の不在）＝固有法（慣習法）
パラダイム②F　形式的規定（身分証明書→婚姻関係の存在）＝移植法（制定法）
グラディス事件：公式の紛争処理（裁判所）

パラダイム③F　形式的規定（婚資の未払→婚姻関係の不在）＝固有法（慣習法）
パラダイム④S　実質的理解（同居・出産→婚姻関係の存在）＝移植法（コモンロー）

右のパラダイム①Fとパラダイム③Fとは、いずれも固有法が形式的規定による主張表明のために呼び込まれた点で共通しているが、後者が裁判所において公式法としての地位を認められた点が異なっている。つまり、公式法・非公式法のダイコトミーは、パラダイム①Fと③Fとの間の質的な差を把握することができる。ここでは紛争処理の制度的枠組の対比、つまり国家制度としての裁判所か民間で運営されている寄合かを対比している。このダイコトミーは、固有法・移植法のダイコトミーとの組み合わせで、裁判所の紛争処理過程において固有法が公式法の位置づけを得て、国家法に浸透していく過程を捉えるものである。

ここでいう固有法・移植法のダイコトミーは、千葉の定義と同様に、当該社会固有の文化に由来するか否かを基準にする。オルンバ事件とグラディス事件とは、どちらも固有法による主張表明と移植法による主張表明との対立が共通していたが、移植法・固有法のダイコトミーと形式的規定・実質的理解のダイコトミーとの組み合わせが、それぞれに異なっている。すなわち、オルンバ事件における移植法は、形式的規定による主張表明のパラダイム（②F）として呼び込まれていたのに対して、グラディス事件における移植法は、実質的理解による主張表明のパラダイム（④S）として呼び込まれた。このように、固有法・移植法のダイコトミーと形式的規定・実質的理解のダイコトミーとの組み合わせは、当事者が自らの主張表明を定式化する過程で確定していく。くりかえしになるが、グシイの婚姻成立要件を争点とする紛争において言及される慣習法は形式主義的立場から呼び込まれており、本節冒頭で述べたように〈紙のうえの法〉のような存在なのである。

二つの事例は、結果的に、どちらも固有法と移植法との対立を特徴とするが、この二つの法が呼び込まれた経路については、形式的な関係規定どうしの対立か、形式的な関係規定と実質的な関係理解との対立かで、それぞれの起点と経路が異なる。固有法（慣習法）は、どちらの事例においても、形式的な関係規定による主張表明をおこなう一方当事者によって自らに有利なパラダイムとして選び取られたが、他方の当事者もまた別の強力なパラダイムを選び取ってそれに対抗する。これらの事例において、固有法と移植法のどちらを採用するかという問いは、形式主義の適否をめぐる問いでもあったのだ。

6　「変化する慣習婚」——もうひとつの定義

本章冒頭で述べたように、異なる背景を持つ多種多様な法を呼び込むうえで推力となるのは、何より当事者の主張表明である。そして、そのような呼び込みの起点となるのが、形式主義と反形式主義の二項対立だ。第四章で分析したイゲンベ地方マウア地裁における婚資請求訴訟では、三つの事例のうちの二つで原告の訴えのみによる一方的判決が導かれ、残りの一事例では被告側の抗弁を含めて事実を争うものに留まっていた。その点で、本章で分析したグシイ地方の二つの裁判事例は、第四章の事例よりも、原告と被告との間の対立が法的争点として明確化し、法の活発な呼び込みが認められた。

裁判人（官）は第三の法主体として法の柔軟性と確定性のパラドクスに向きあいながら法の意義を確定すべきであるが、本書「はじめに」で予告したように、リーガル・プルーラリズムの出口を求めることの困難は、イゲンベの事例よりもグシイの事例において顕著である。

本書でセシリア事件と呼ぶ、ナイロビ高裁で争われた裁判[9]では、グシイ人どうしの婚資未払の事実婚が「変化した慣習婚」、つまり新しいタイプのグシイ慣習婚として認められた。裁判官は、慣習法は常に変化するという観点を採り、かつ婚資が未払でも別の条件が整えば同棲もまた慣習婚とみなすことができるという結論を導いた。その点で、セシリア事件とグラディス事件は対照的である。

一九九八年八月七日、ケニアの首都ナイロビの中心部にあるアメリカ大使館を爆弾テロが襲い、近隣のオフィスワーカーや通行人を巻き込んだ大惨事となった。この大使館爆破事件のために亡くなった大使館職員の一人にセシリアというグシイ人女性がいた。婚家で埋葬するべく最初に動き出したのは、夫を名乗るグシイ人男性のラテモであった。ところが、セシリアの実母マルセラは、セシリアの遺体を実力で取り返し、生家で埋葬する準備を始めた。これを不服としたラテモはマルセラを訴え、セシリアの埋葬地を争点とする民事訴訟が始まった（一九九八年一一月二七日）。

いくどかの審理延期の後、一九九九年二月一五日に審理が再開したが、その直前にラテモが急逝したため、彼の母アグネスがラテモにかわって訴訟を継続することになった[10]。法廷では、ラテモとセシリアが結婚していたか否かが争われた。アグネスはラテモがセシリアの夫だったと主張し、一方マルセラは二人の間に婚姻関係がなかったと主張した。

この事件を取り上げた法曹専門誌の記事には、母マルセラが夫ラテモを排除しようとしたのは、セシリアの死によって遺族に支払われるはずの賠償金をラテモに取られまいとしたからではないかと書かれている（Matata 2000: 11）。賠償金が支払われたかどうかは不明だが、訴訟記録からわかるのは、セシリアが個人名義で土地を所有していたこと、そして当事者たちの関心がこの土地に向けられていたことである。マルセラにとって、土地財産をラテモに奪われないためには、セシリアとラテモとの間に法的婚姻関係が存在しないことを証明すればよかった。婚姻届が提出されていなかった以上は民事婚ではないから、二人の関係が慣習婚でもないことを証明すればいい。マルセラには勝算があった。セシリアを妻として迎えるうえで必要な婚資をラテモが支払っていなかったからである。

アグネス（原告）の弁論は次のとおりである。セシリアが出産した子ども四人のうち二人は、間違いなくラテモの実子である。だからこそ、その二人の子どもは、ラテモの親族にちなんで名付けられている。アグネスは、セシリアの両親と長いつきあいがあったし、グシイの慣習に従って互いに「エコレラ」[11]と呼びあっていた。婚資は支払われていないけれども、それはラテモが、婚資の支払よりセシリアの姉妹への学費援助を優先したからである。アグネスは、「婚資の支払に時間制限はないはずだから、いま支払うことに問題はないし、その用意がある」と述べた。

ラテモのオジにあたるレオ（原告側証人）によると、セシリアの訃報を受けた直後は、両家が集まりセシリアの遺体を、彼女とラテモの「婚家」があったボマリバ村に埋葬することで意見の一致をみたにもかかわらず、マルセラはやがて気がかわって娘をボマリバには埋葬したくないと言い出した。ラテモとセシリアは十七年間連れ添ったというのに、いまになってマルセラが、二人は結婚していなかったとか、二人の間に生まれた子どもの父親が誰かを知らないなどと言い出したのでレオは大いに驚いた。

被告側第一証人として、グシイ慣習法の専門家ネルソン・ニャンゲラが証言台に立った。ニャンゲラは、慣習婚の法的要件として、本人の婚姻能力（capacity）、婚資の支払、妻方両親の同意、以上の三つを挙げた。被告マルセラは、このニャンゲラ証言を楯に取り、婚資が支払われておらず、またラテモがセシリアの夫になることに同意したことはないから、セシリアの遺体をラテモの家に埋葬することはできないと抗論した。けれども、判決において裁判官は、マルセラがラテモを排除しようとしたのは「セシリアの埋葬権を手に入れれば彼女名義の土地の相続権を得られるという誤った思いこみ」（判決文から引用）によるものだと述べている。加えて、原告側が提出した証拠から、マルセラがラテモとセシリアの「婚姻」に同意していたという原告側の主張が事実として認定された。

ニャンゲラは、慣習婚を成立させる要件として右の三点を挙げただけではなかった。慣習婚には婚資の支払が不可欠だけれども、まずその一部が支払われていれば、残額について支払期限はなく、妻の両親が夫ないし彼の両親から何らかの経済的援助を受けている場合には、それを婚資の一部とみなしてもよいと述べた。さらには、婚資が支払われないまま死亡した女性は、死後に婚資の支払を済ませることによって法的な妻となることができるとも述べた。この証言は、次の理由で被告マルセラより原告側に有利な証拠となった。

ニャンゲラ証言を勘案した裁判官は、婚資の未払が婚姻関係の不在を証明する証拠となりうるかという問題を検討し、「他の条件を満たしていれば、婚資が未払でも慣習婚は法的効力を持つと考えることができそうだ。そうでなければ婚資がいつ支払われてもよいという考え方が存在するわけがない」（判決文から引用）と述べている。裁判官は、婚資の支払を慣習婚成立の要件として強調しながら、結局のところいつ支払われてもよいとするニャンゲラ証言に矛盾が含まれると考えた。払われなかった婚資を払われる可能性を秘めた婚資へと読み替えることができるならば、婚資の支払は慣習婚の存在を証明するうえでの最優先の証拠ではなく、また未払が慣習婚の不在を証明する証拠にはならない、というのが裁判官の導いた結論のひとつであった。

裁判官は、婚資が要件であり、しかし支払期限はないというニャンゲラの証言が含む論理上の齟齬を時間軸上の変化と捉え直した。判決において裁判官は、かつては婚資の支払が慣習婚にとって不可欠の要件であったが、こんにちでは婚資の支払が慣習婚を成立させる唯一の要件ではなくなったと述べている。これは、慣習法の変化を認めたニャンゲラの証言を採用したうえでの判断であった。ニャンゲラ自身、「他民族の慣習法と同様に、グシイ慣習法は常に変化しつづけている。古の儀礼のいくつかはこんにちでは実践されなくなっている」（判決文から引用）とも証言していたのである。

一九九九年九月三〇日、ナイロビ高裁にて原告側勝訴の判決が言い渡され、セシリアを「婚家」に埋葬する原告側の権利が認められた。判決において裁判官は以下のようにセシリア事件を総括した。ニャンゲラは慣習法が固定的なものではなく、変化するものと認めた。古い慣習は時代遅れとなり、消滅しつつある。婚資の支払が慣習婚における最優先の要件ではないこと、ならびに両人の婚姻能力とセシリアの両親の同意があったことを考慮すれば、セシリアとラテモとの間に慣習婚が存在していたと判断すべきだ。原告の請求どおり、セシリアの埋葬地を、彼女がラテモと暮らした婚家のあるボマリバ村とし、被告に訴訟経費の支払を命じた。

7　法の意義を確定する第三の法主体の役割

ケニア人法律家A・アブドゥラヒは、グラディス事件やセシリア事件と同様に埋葬地を争う訴訟についてのケニアの裁判所の判決が「木陰に集まった部族の長老がたどり着く単純な結論」と大差ない素人並みの法的推論だと批判している（Abdullahi 1999: 32）。さらに彼は、ケニアの有力紙のインタビューで、望ましい判決とは、「たとえば合衆国の最高裁」のように「たくさんの判例、著作、論文を引用した」「学術雑誌上の論文のようなもの」だと述べている[12]。これは、「埋葬法」を制定法化すべきだとの主張（Okoth-Owiro 1989）と同様、確固たる法を求める立場からの批判である。

セシリア事件の判決が慣習婚の存在を承認したのと同じ論理を、グラディス事件においても援用することができたはずだ。しかし現実にはそうならなかった。判決を導くうえでの最終的な判断は裁判官の裁量にゆだねられている。慣習法の具体的内容については制定法上の明確な規定がない。判決を導く裁判官の法的推論は、法の機械的適用ではなく、判例の参照と事実認定の積み重ねによって構成されなければならない。

セシリア事件の判決では婚資が未払でも別の条件が整えば慣習婚は成立するという事実認定がなされたが、本章に関係する調査を終了した時点では（二〇〇〇年九月）、それが判例としてその後の埋葬訴訟の判決を拘束したという裁判事例の存在を確認できなかった。少なくともセシリア事件のナイロビ高裁判決が下った後にキシイ地裁で審理が始まったグラディス事件では、婚資の支払を慣習婚の成立要件だと認定する過程で、その反証としてセシリア事件の判決は引きあいに出されていない。セシリア事件が参照されなかったのは、判例知識としていまだ広く共有されていなかったためであろう[13]。

セシリア事件とグラディス事件に専門家証人として意見したネルソン・ニャンゲラは、セシリア事件で裁判官に指摘された自説の論理的矛盾を、どのように自身の慣習法研究のなかで解決しようとしたのだろうか。セシリア事件の後、刷り上がったばかりの自著を携えて臨んだグラディス事件で、彼が婚資を慣習婚の要件と定位する姿勢を貫く証言をし、かつ裁判官がそれを証拠として採用したことは注目すべきだ。結果的に、グラディス事件の判決で裁判官が最終的に定義づけをした慣習婚は、セシリア事件におけるそれとまったく異質のものだったのである。

だが、裁判官が、婚資未払の同棲を婚姻として認め、婚資の未払を根拠とした利害関心の追求を却下した点で、両事件の判決は結果的に同じ意義を持った。セシリア事件の判決は、婚資をいつ支払われてもよいとみなし、婚姻成立の要件から取り除いた。他方、グラディス事件の判決は、慣習婚は婚資の支払を要件とするという立場を維持しつつ、最終的にはコモンロー婚の存在を承認し、結果的にはセシリア事件と「同じ」判決を導いた。

セシリア事件とグラディス事件の当事者たちにとって、婚資未払の事実婚が慣習婚であるかコモンロー婚であるかといった問題や慣習婚の定義をめぐる法学的な議論は、婚資の未払を根拠として同居相手を排除しようとする一方の当事者の目論見が却下されたという事実ほど重要ではなかっただろう。他方で、慣習法専門家として両法廷に関わったニャンゲラにとって、セシリア事件の判決とグラディス事件の判決とは天地の差があったはずだ。人間的法主体としての当事者たちは、あくまでも自分の利益のために、いわば道具的に法を利用しているのであって、婚姻の法的定義や慣習法の具体的内容を明らかにするために争っているわけではない[14]。

法の意義を明らかにすべき第三の法主体としての裁判人（官）は、当事者たちの私的利益のための争いについては、セシリア事件とグラディス事件とにおいて――そしてオルンバ事件の結論においても――婚資の未払を根拠とした配偶者排除の目論見を却下した点で一貫していたが、慣習法そしてコモンローの普遍的適用という点では一貫性を欠いていた。それは、変化し、柔軟なものであるとして、慣習法を放置することにほかならない。だが、前述のように、裁判人（官）は、法の柔軟性と確定性のパラドクスに向きあいながら法の意義を確定する第三の法主体としての役割を担うことを期待されている。この点が、つづく第Ⅳ部の中心的な論点である。

IV

法を知る人類学

第七章　法と人間
——法人類学総説

1　争論のなかでの法の発見

紛争事例は無尽の情報源である。利害関係や意見対立が目に見えるかたちで現れる現場を観察すると、人間関係の複雑さや社会の内側にある潜在的な葛藤を経験的に理解することができる。人間の営みを経験的に記述する民族誌にとっての紛争事例の有用性は、何よりその剝き出しの視認性のためであろう。なかでも、法の働きを観察することを通じて人間と社会の営みを理解する法人類学は、紛争事例分析のメリットを縦横に活用してきた。

だが、このようなシンプルな経験主義には問題点もある。たとえば、当事者の本音が露わになったり、感情が爆発したりする瞬間を目にすることがある。非公式な場での調停や当事者どうしの話しあいの場合はとくにそうだが、その場のやりとりを部外者に知られたくないと当事者が強く望む場合もある。加えて、法人類学の方法論上のデメリットがある。紛争処理は法の重要な機能のひとつであるが（ホーベル 一九八四：三二六）、目に見える出来事としての紛争の分析に傾きすぎると、我慢を強いられ沈黙している人の存在（可能性）を見過ごしてしまうかもしれない。それに、法とは何かについての探究にいたらなければ、「法人類学」を名乗る必要がなくなってしまうだろう。

経験科学としての法人類学は、紛争の観察から出発する場合が多い。よって本章は、①当事者間の意見対立のプロセスにおける法の発見、②法との接点で当事者が発揮する力と当事者を制約する力、③正しさの複数性に向きあう、他者を知る法の理論、④法の確定性を支えるメカニズム、の順で法人類学の筋書きを述べ、要所を解説する。まずは法人類学における紛争事例分析の使い方、そのバリエーションとメリットを示すことから始める。

紛争から争論へ

法人類学者の紛争研究は、社会科学の一般概念としての「紛争（conflict）」よりも、その下位概念である「対争（contention）」と、さらにその下位概念である「争論（dispute）」を主たる対象にすることが多い。法人類学者の研究対象の絞り方、すなわち争論研究は、法学者の方法に近い。この類似性のゆえに、法とは何かを問わずとも「法人類学」がそれとなく成り立っていた面がある。

この類型を示した千葉正士によれば、法学者の紛争研究は、二者間の攻撃防御にあたる対争のうち、言語上のもの、あるいは「具体的な対争を意図的に加工・変形して得られる、抽象的な対争形態の一つである」争論を分析する傾向が強い。そのため、身体的な衝突を含む対争や、二者関係に限定されない複数の当事者が共通の目標を達成しようとする「競争（competition）」、多数の当事者を巻きこむ社会的混乱状態としての「混争（disturbance）」を含めた包括概念としての紛争を対象にしない（千葉 一九八〇：四七）。

法学者は争論としての紛争の処理を民事司法の領分、犯罪解決を刑事司法の領分として区別する。その意味で刑事裁判は「紛争処理」ではない。他方、法人類学者は犯罪解決に相当する手続を争論と対争との連続性のなかで観察する。さらにいえば、右の四つの下位概念間の連続性を捉えて、紛争が本来有する多元性をも観察する。人類学全般における用法としては、むしろこのような連続性を捉えた最広義の紛争概念の方が一般的だろう。

争論研究における当事者主義

法人類学の争論研究は、裁判人（官）などの第三者による判断の分析から、当事者の意見表明の分析へと視野を広げることで新しい展望を得た。

一九四一年に刊行された法学者カール・ルウェリンと人類学者E・アダムソン・ホーベルによるアメリカ先住民シャイアンの民族誌は、人類学者と法学者との共同作業による初期の研究例であり、またケースメソッド（事例研究法）を本格的に導入した先駆的業績である（Llewellyn and Hoebel 1941）。この民族誌の根底には、現実の裁判をルールの機械的適用の場ではなく、法の具体的内容が発現する過程として理解する手法がある。その意味で、リアリズム法学における業績として位置づけられる。

ルウェリンとホーベルの民族誌は、インフォーマントからの伝聞（記憶の再構成）によって得られた過去の事例を扱ったが、一九五五年に刊行されたマックス・グラックマンによるバロツェ（ロジ）の民族誌（Gluckman 1955）や、それ以降の法人類学民族誌は、自ら現場で観察した紛争事例の記述・分析が主流となった。グラックマンの民族誌は、「条理にかなった人間」（reasonable man）とは何かを知る裁判人の判断が法の確定性に資する条件（本章4節）を観察し、他にもたとえばロイド・ファラーズによるソガ人の民族誌は、ソガやバロツェを含むサハラ以南アフリカの四社会を比較し、紛争処理の最終局面において当事者間の合意を指向する社会（アルーシャ）と、裁判人による判決を指向する社会（ソガ）との両極端、ならびにその両面をあわせ持つが相対的に前者を指向する社会（ティブ）と後者を指向する社会（バロツェ）を比較した（Fallers 1969）。

民事裁判の推力は、裁判官の職権にではなく当事者による意見表明にあるとする理念は、法学において「当事者主義」と呼ばれているので、その側面から紛争事例を観察するアプローチは「方法論的当事者主義」と呼べるだろう。法人類学におけるその代表作は、一九八一年に刊行されたジョン・コマロフとサイモン・ロバーツによるツワナの民族誌である（Comaroff and Roberts 1981）。二人の人類学者によるこの民族誌は、特定の規範が「意見表明のパラダイム」として呼び込まれ、相手方の主張に対抗するための拠り所となることで、その意味内容が実体化することを描いた。このような研究は、意見対立の処理という受動的側面のみならず、当事者の関与による新しい規範形成という積極的側面を明らかにする（棚瀬 一九八八）。

目に見えるかたちで現れた意見対立が、あるいは当事者の主体的な意見表明や権利主張が、社会全体に関わる新しい規範形成のプロセスにおいて重要な意義を持つとみなすこと。これは、アメリカの法人類学者ローラ・ネイダーの二〇〇二年の著書における主要な論点である（Nader 2002）。ネイダーは、裁判制度を主体的に利用する人間（原告）が法の発展にとって不可欠の役割を果たすこと、またそのことが民主的な規範形成のプロセスに寄与することを強調する。これは争論の社会的効果をポジティブに評価するものである。

以上の研究例は英語圏の研究者の業績に偏っている。これは、ケース・メソッドによる法の発見を重視する英米法的伝統との親和性に呼応して生じた結果だといえるだろう。法を発見し、使用するプロセス、さらには法を作り出す／直すプロセスの経験的観察を可能にする。争論研究のメリットはそこにある。

2　争論を文脈化する——法との接点において働く力

前述の類型論が示すとおり、争論は紛争が特殊なかたちで加工されたものである。本節は、紛争の本来の連続性を念頭に争論を文脈化することを試みた研究例に触れる。そうした諸研究は、法との接点で当事者を制約する力を観察したもの、紛争回避につながるメカニズムを観察したものなどがある。前節と本節の論点を総合していうと、争論のプロセスを観察する研究では、当事者が発揮する力（前節）と当事者を制約する力（本節）との両面の観察が必要だ。

争論あるいは裁判の場において当事者は意のままに意見表明できるわけではない。一九九八年に刊行された法学者ジョン・コンリーと人類学者ウィリアム・オバーの共著は、裁判所における言語使用をめぐる制度的制約が、当事者にとっての語りにくさを生み出す有り様を捉える方法論（規則指向の語りと関係指向の語りとの比較など）を示した（Conley and O'Barr 1998）。同書は、アメリカの裁判所における当事者と法専門職の発話の相対的差異を、ジェンダーや法知識へのアクセスの側面から分析している（山田 二〇〇七）。

一九八八年に刊行されたアメリカの法人類学者キャロル・グリーンハウスによるジョージア州のバプティスト・コミュニティについての民族誌（Greehouse 1986）には、争論の事例がひとつも登場しない。この民族誌は、人びとの日常的な争論回避指向が、かつてコミュニティを引き裂いた南北戦争期の歴史経験を背景として形成された精神的伝統であること、潜在的な紛争を争論化＝裁判化して外部の第三者による介入と支配を招いてしまう危険性を人びとが回避しようとしていることを明らかにした。これらの結果として生み出されるのは沈黙と、その一方での正義への祈りである。

紛争の争論化あるいは争論の回避の社会的文脈に着目する以上の研究例からみれば、目に見える対立を記述するだけでは不十分である。宮本勝が紛争回避に注目する法人類学研究の重要性を指摘したのもそのためである（宮本編 二〇〇三）。

主張する／沈黙する

争論の回避を是とすることは、当事者による権利主張の機会を奪うことにつながる。このような視点で当事者の意見表明に重要な役割を認めたネイダーの議論は、一九七〇年代以降のアメリカのＡＤＲ（Alternative Dispute Resolution：裁判外紛争処理）運動に対する批判に根ざしている。すなわち、裁判外での合意と調停の場を拡充するＡＤＲは、一九六〇年代の社会運動と結びついた訴訟件数の増大を抑えこみ、それによって裁判所のコストを軽減するためにほかならなかった。ネイダーは、合意や調停を無前提に是とする訴訟否定論は、結果的にアメリカ人の政治的自由を抑圧することになると述べる（久保 二〇〇九）。

グリーンハウスは前述の民族誌の結論で「正義を求める祈りは歴史の沈黙を求め、自由を求めて祈る人びとの沈黙を求めている」と結んだ。沈黙によって維持される調和に抑圧的な面があることはグリーンハウスも認める。だが、バプティスト・コミュニティの人びとにとって、正義は神のみによって可能であり、第三者の裁断にゆだねることは自分たちの自由を脅かす。沈黙を貫き祈りによって救済を求める態度は、社会的なつながりを維持するためだった。

紛争を争論化することの積極的意義を強調するネイダーの批判的議論と、争論を回避すべきとみなすグリーンハウスの民族誌に記述された人びとの語りならびにコンリーとオバーらの研究は、裁判の場に働く（法に備わる）二つの社会的な力のそれぞれを捉える。紛争を争論化することによって当事者自身が発揮する力と、争論化する当事者を支配し、当事者の意見表明を制約する力との二つである。真に経験的な紛争事例分析にとって、裁判の場において同時に働く二つの力の観察が重要である（馬場 二〇一二）。

3　法のプルーラリズム／オルタナティブ

前述のように、法人類学における争論の記述・分析は、法の発見と創造のプロセスを明らかにする。それに対して、裁判にゆだねない、あるいはそもそも争論化しない紛争の処理についての記述・分析は、法から遠ざかるように見えるかもしれない。だが、法・司法に対する代替的手段の探究は、裁判の領分（争論を通じた法発見と法創造のプロセス）の特殊性を明らかにする点で法の探究にとってもメリットがある。本節では、法・司法に代わる手段としてのオルタナティブ・ジャスティス研究の意義を述べ、それに類似しながら、あくまでも法の領分に留まる点で異なるリーガル・プルーラリズムの位置づけについて論ずる。

裁判に対するオルタナティブ

第一章3節で述べたように、一般的な意味でのオルタナティブ・ジャスティスは、裁判制度に対するさまざまな代替的アプローチの総称である。具体的には、世界各国で制度利用が拡大しつつある前述のADRや、応報的司法にかわる犯罪解決アプローチとしての修復的司法、さらには南アフリカなどにおける過去の政治犯罪や集団暴力の真相究明と、被害者と加害者との「和解」を目的として設立された真実和解委員会を含む。これらを制度面で拡充する試みが、こんにち世界各地に広がりつつある（石田編 二〇一二）。

ADRは民事司法の分野で通常の訴訟手続にゆだねずに紛争解決を図る制度である。ADRは既存の制度に対するオルタナティブを求める立場に由来し、背景に一九六〇年代アメリカの反体制的な政治思想・社会運動がある。また、最初の構想は、アジア・太平洋・アフリカ地域の草の根の紛争処理や村裁判に着想を得たものだといわれている。広義のADRは既存の制度に対するあらゆる代替的方法を含むが、現状はむしろ実用的な機関としてのADRの制度化が進んでいる。日本では二〇〇七年施行の「裁判外紛争解決手続の利用の促進に関する法律」

（ＡＤＲ法）により、法務大臣の認証を受けたＡＤＲ機関に特別な権限が与えられた。国民生活センターなど行政機関が運営するもの、各県弁護士会や司法書士会が運営するもの、留学トラブル、マンション問題、労使紛争など、それぞれを専門に扱うＮＰＯ法人が運営するものを含めて多様な機関がある。

修復的司法は刑事司法の分野におけるオルタナティブな手法であり、加害者に対して適切な処罰を科すこと（応報的司法）のみを目的とせず、すべての関係者の間での対話をとりいれて犯罪解決と被害回復を目指す。固有の宗教的伝統を持つ北米メノナイト（再洗礼派）による「被害者・加害者和解プログラム」の取り組みをその先駆けとみなす研究者もいるし、アジア・太平洋・アフリカ地域で実践されているコミュニティ内部での犯罪解決に着想を得たものだともいわれる。修復的司法は、単一の方法論というより、多様な起源と応報的司法に対するオルタナティブとしての共通点とをあわせ持つ方法論の集合である。

真実和解委員会は移行期正義の分野におけるオルタナティブな手法であり、多数の加害者と被害者を巻きこんだ集団暴力の過去（真実）を究明したうえで、社会の再統合（和解）をはかる制度である。アパルトヘイト体制撤廃後の南アフリカでの実践例は、修復的司法のアプローチと共通する部分がある。だが、加害者と被害者という個人間レベルでの対話による和解の実現は難しいため、現実的な目標となるのは社会的和解だといわれる。社会的和解とは何か。かつて組織的な人権侵害を生み出した国家と社会の修復プロセス（移行期正義）の末に築かれる新生社会を、市民がそれぞれに是認して参加することを「社会的和解」ともみなせるが、具体的内容については議論の余地がある。

リーガル・プルーラリズムとオルタナティブ・ジャスティス

以上のようなオルタナティブ・ジャスティスの世界的動向は、これまで正当に評価されてこなかったさまざまなアプローチの意義と役割が新たに「公認」されるようになったことを示している。そのような動向は、西洋近代由来の法を頂点とする旧来の法体制を再編する可能性があるため、リーガル・プルーラリズムを主要テーマのひとつとする法人類学にとって重要な研究課題となる。

リーガル・プルーラリズムは、異なる社会的背景を持つ法システムの併存状況を示す概念である。近現代的文脈では、植民地国家における一方的な法移植や人・モノ・情報のグローバルな移動などを背景として、こうした複数の法システムの相互浸透が大規模に生じた。伝統文化（あるいは相対主義）と人権言説（あるいは普遍主義）との衝突はその典型例である。とはいえ、リーガル・プルーラリズム研究は、そうした背景説明に限定しない、法の発展プロセスに関する一般理論を指向する面もある。千葉やメンスキーらの研究は、以下の三点を模索する。①公式法による非公式法の取捨選択という側面が強い、一国の公式法システムへの新たな（あるいは異質な）「法」の浸透プロセス、②形式主義的な法と反形式的な社会規範、公式法と非公式法、および固有法と移植法という、浸透プロセスにおける三次元の相互交渉、さらに③新しい固有法の形成プロセスと、それぞれの地域・時代に適合する法の支配、である（角田・メンスキー・森・石田 二〇一五）。

ここでいう固有法とは、外部の影響が及んでいない在来の法システムのことではなく、新たな移植法に対峙する、その時点でのドメスティックな法の姿を捉える概念である。この意味での固有法は、異質な「法」あるいは法外のさまざまな制度や規範を取りこみながら発展してきた。リーガル・プルーラリズム研究は、法が無数の異質な断片を含んで多元化していくプロセスに加えて、新たな固有法システムとしての全体性と普遍性を獲得していくプロセスを解明する。

右の意味でのリーガル・プルーラリズムとオルタナティブ・ジャスティスは、どちらもいわば他者を知る法理論である。だが、本書第一章は、両者が異なる社会的意味を持つと論じた。リーガル・プルーラリズム研究は、もっぱら法の呪縛圏の内部に妥協点を求めるが、オルタナティブ・ジャスティス研究は、呪縛圏の外部に脱出口を求める。ここでいう呪縛圏は、ヴァルター・ベンヤミンの「暴力批判論」によるもので、複数の正しさの間の永遠の競合状況のことを指す（ベンヤミン 一九九四）。リーガル・プルーラリズムには、法を豊かにする肯定的な筋書きのみならず、法の支配を脅かす否定的な筋書きがある（タマナハ 二〇一六）。後者が顔を出すのは、永遠の競合状況のなかでの当事者の法選択が意見対立の強度を高め、呪縛圏の内部に妥協点を求めることが困難となる場合である。

ベンヤミンは、法を破壊する神の暴力と、法を排除する純粋に非暴力的な紛争調停・和解とを論じ、呪縛圏外部への二つの脱出口を指摘した。前者は神判(試罪法)やグリーンハウスの民族誌における神の裁きを典型例とする。後者に相当するのは、第三者による判決や決定を排除した合意・和解などの歩み寄りである。いずれも人間の理性によって正義を発見することの困難、人が人を裁くことの困難を捉えている。日本の中世末期から近世初期にかけて神判ならびに喧嘩両成敗が紛争解決方法として多用されたのもそのためであった(清水 二〇一〇)。本節で挙げたオルタナティブな手法を、既存の法システムに対する補完財(パンに対するバターの関係)としてもちいる可能性はリーガル・プルーラリズムの論点に、法に対する代替財(パンに対する米飯の関係)としてもちいる可能性はオルタナティブ・ジャスティスの論点につながる。

4　法の確定性を支えるメカニズム——法人類学のもうひとつの筋書き

本章は、争論の事例記述によって法の発見と創造のプロセスを明らかにする研究に触れることから始めた。そして、それらの研究が、意見表明・権利主張・法利用の担い手としての個人＝人間的法主体の営みを介して、法が姿を現す場を経験的に捉える点を強調した。だが、個別の固有法システムの担い手となる集団＝社会的法主体（socio-legal entity）の営みについては論じてこなかった。

社会的法主体の探究は、個人に法の遵守を促す社会的な強制力や法の普遍的適用を手がかりに、法の確定性を支える社会的メカニズムを考察する。そのような探究を伴わなければ、法人類学は争論の人類学あるいは争論を文脈化する人類学的研究に尽きる。権限付与や秩序維持を含む法の機能は、社会的法主体の探究において観察可能である。そのような探究が、真の法人類学に必要なのである。

法の遵守を促す力を捉える

法の遵守を促す力には外在的な力と内在的な力との二つがあり、両者の働き方は、現実の社会的プロセスを観察することでしか把握できない。

外在的な力とは、たとえば法の遵守を促す外在的なメカニズムとしてのサンクション（sanction）である。違背に対する刑罰＝否定的サンクションであれ、遵法行為に対する報酬＝肯定的サンクションであれ、現実のサンクションは原行動者のみならず周囲を巻きこむ集合的なプロセスである。そのため、サンクションの可能性は、特定の行為に対する事後的処理の問題のみならず、個人が所属する組織の日常的ガバナンスの問題につながる。[1]

内在的な力とは、たとえば個人に権限を付与する法の力である。この論点は、たとえばイギリスの法哲学者H・L・Aハートが『法の概念』で、法は強制的命令であるとする命題を否定するところから議論を始める際に最初に触れた（ハート 二〇一四）。ブロニスラフ・マリノフスキーの『未開社会における犯罪と慣習』（原著一九二六年）は、サンクションを発動して外側から個人に何事かを強制する以前に、当事者間の互酬的関係が相互の役割期待を保護することに触れた。互酬性に備わる利他主義と利己主義の表裏一体を土台とするがゆえに働く内在的な強制力（彼がいう「新しき力《ニュー・フォース》」）を捉えた議論である。これは、刑法進化論に傾いていた当時の法人類学——日本では復讐＝私力制裁の公権化を伴う刑法の発展を論じた穂積陳重に代表される（穂積 一九八二）——を批判し、互酬性によって強制される権利義務の規範としての法＝民法の姿を観察すべきだとする論点と結びつく。

法の普遍的適用

権威者による決定が普遍的適用の意図を欠く場合、それは法ではなく政治の領分における決定である。[2] 権威・普遍的適用の意図・権利義務・サンクションを法に不可欠な四つの属性とした人類学者レオポルド・ポスピシルによる法の定義は、権威者の決定に普遍的適用の意図を条件として加えることで、法を政治から区別する（Pospíšil 1971, ポスピシル 一九七四）。この論点は、法における柔軟性と確定性のありかをめぐる議論の出発点として有用である。

普遍的適用の意図を持つ権威者は、人間的法主体と社会的法主体とを架橋する、いわば第三の法主体である。本章1節で述べた研究例に登場する、熟練した司法的技法（juristic method）を発揮する裁判人（Llewellyn and Hoebel 1941）や、条理にかなった人間（reasonable man）とは何かを知る良き裁判人（Gluckman 1955）、さらには巧みな法の（skilled legal）ナビゲーター（Menski 2006）は、普遍的適用の意図を備えた決定を指向するが、法を自動機械的に適用するわけではない。たとえば、バロツェの裁判人は、個別の争論の社会的背景や特殊性を考慮する柔軟性を発揮しながら、普遍性を備えた判決を導く。グラックマンは、ここに含まれる重要な逆説を指摘した。すなわち、法が個別の争論によって破壊されることなく高次元の確定性を維持する、つまり普遍的適用が可能になるのは、法自体が柔軟性を内包するがためである。グラックマン曰く、「わたくしの結論は、法律大全としての法が、法概念の柔軟な不確定性の故に、判決におけるある種の不確定性を通して〔かえって〕確定的になることである」（Gluckman 1955: 365〔訳文は千葉編 一九七四：一五二〕）。

応答的法をめぐる法社会学的探究（ノネ・セルズニック 一九八一）において、そうした権威者の決定は、上述のポスピシルのモデルと違って、政治と決別しない。法は、政治との緊張関係を維持することで確定性と柔軟性とを発揮する。すなわち、応答的な法は、柔軟性を優先して法と政治との一体化を許容する抑圧的な法と、形式主義を高めることで政治と決別する自律的な法との二者択一を超える。応答的法においては法と政治とがふたたび結合するが、それは法の連続性や確定性を維持しつつ法の柔軟性を可能にするためであり、かつ権威者による恣意的な決定や法の変更を制約するためである。

柔軟性と確定性との緊張、そして個別性と普遍性との緊張を、法形成のダイナミクスに接合する応答的法のモデルは、裁判人による決定のプロセスのみならず、慣習法を成文化することの意義を批判的に精査する場合にも有用である。ローカルな日常生活で営まれる不文法が、リーガル・プルーラリズムの領分に浸透していく場合に、成文化によってその確定性を高めていくことには、メリットとデメリットの両面が伴うのである。

5　法人類学のさらなる筋書き

本章では、人間的法主体や第三の法主体による法の発見・創造とその社会的文脈を中心に論じ、それが社会的法主体の営みにつながる条件を考えてきた。これは、〈他者〉＝異文化の法について、その社会的法主体を探究し、さらに比較分析へとすすむ真の法人類学の主要な筋書きである。次に述べる本章最後の二つの論点は、このような法主体論を中心とする筋書きを別の視点から補強する。第三章で述べたように、人間的法主体の視点が法をその道具的機能において理解する一方で、社会的法主体の視点は、道具としての法が社会文化的に意味づけられており、またその使い方自体も意味づけられていることを明らかにする。法文化論と呼ばれる後者の論点は、地域固有の知識に関する客観的記述に尽きず、人間的法の危機をめぐる批判的議論に直結する。

人間文化の多様性は「人間がその動物的経験の連続性を切断するやり方の多様性」に由来する（リーチ 一九八五：一一九）。生き物、色彩、事物の分類にしても、こども／おとな、我々／彼らの自他識別にしても、本来連続的な世界を切り分けることで、人間は、何事かの意味を理解するための手がかりを得る。人間が普段確かなものとして理解する、そのような境界は、〈離見の見〉からすれば恣意的であり、儚い。そのような人の手による不確かな線引きは、厳かな法の世界にも満ちている。いや、法の内側にこそ繁茂する。法は、そのようなドグマ性を備えた、人間の作品である。そして、そのような不確かな境界・線引きは、法の世界においても／こそ儚いがゆえに、こんにち脅かされている。アラン・シュピオ『法的人間』（シュピオ 二〇一八）は、このような視点からみえてくる人間的法の危機をめぐる警告の書である。

西洋のキリスト教世界において「法」は、かつて神・自然・人間それぞれの秩序に通底する「普遍的な原理」を指示し、ゆえに「法という用語で思考することは、西洋では法学者の占有物ではなかった」。神の啓示を除外して発達した、自然科学・社会科学を含む科学的手法による法の発見――それを土台とする「客観性の帝国」――が登場したのは、啓蒙時代以後である。だが、人間が自らの手に収めたはずの世俗的な法は、ふたたび「人間理性の手に負えないもの」に奪われつつある――いや、むしろ人間自身がそれに丸投げしつつある。こんにち「超人間的な法」が準拠とするのは、もはや神ではなく、国家でもない。見えざる手による市場である。法の危機は、そこに由来する。ターンブルは「孤独なアフリカ人」について論じたが（本書第三章）、シュピオの警告を受け止めていうならば、孤独なのは植民地状況下のアフリカ人だけではないのだ。

当事者間の交渉と自由意思の合致によって取り交わされる契約は、個人の自由を保障する、そして国家・法による統治・支配に対比される私的自治の要とされ、ゆえに契約自由の原則に対する介入は「契約の死」に帰結するといわれることもあった。だが、シュピオが問題視するのは逆にますます契約化する社会の姿であり、そこでは契約の血肉となる法の蒸発、あるいはそれによって生ずるいわば契約のゾンビ化が深刻である。契約自体には共同社会の法秩序を実質的に基礎づける力がない[3]。契約の自由が個人の自由と結びつくには「約束の普遍的な〈保証人〉に対する信」が不可欠である。シュピオ（二〇一八：一四一）はいう――「『社会の契約化』は、法に対する契約の勝利を意味するどころか、法と契約の混成の症候であり、また社会関係を紡ぎだすための封建的手法の再活性化の症候であるのだ」。ここにおいて個人を超越する共通の法、一般的な正義は、交渉による妥協に解消してしまう。そして人間は、法人格を奪われた、純粋な「客体」として放置される。

法は、生身の人間にとっての「不可能を禁止に置き換える」ことで人間の生を守護するもの、すなわち「技術を人間化する技術」である――シュピオが強調する労働法の人間的役割はそこにある。他方、効率性を重視する市場経済の道具としての契約を社会秩序の基盤とみなす契約主義は、当事者間の交渉によって「自由」に定められた協約をもって、生身の人間にとっての不可能を可能に置き換えてしまう。そこから結果する超人間的法の増殖においての契約主義の役割は、科学主義のそれと同様である。

シュピオは、法における実質的基盤の弱体化を主導し、法を非人間化する〈科学主義〉を強く批判する。人間を完全に説明可能な対象と信じる科学主義（者）は、人間を支配する普遍的秩序——前述の意味での三元そして二元の「法」——のありかを言い当てようとし、人間を人間化する〈保証人〉——神そして国家——を排除し、それにかえて人間を非人間化する技術を育むためである。

法が人間を人間化する技術としての地位を維持できるのは、それが「ドグマ的源泉」を湛えるかぎりにおいてである。ドグマ的源泉を排除することで個人の自由と主体性が確保できると考えるならば、明らかな誤認だ。排除によって現れるのは、言葉が意味を失い、法が正義から手を引くような暴力的な世界である。法の根幹にある、人間的なる「証明不可能な断定」について、人間の科学がこれを敵視し排除することの代償は、それによって得られるはずのものに劣らず、あるいはそれ以上に大きい。社会人類学者のエドマンド・リーチ（一九八五：一一八）がいうように、自然の世界における本来の連続性を切断するやり方をそれぞれに確かなものと信じる「非合理的行動こそまさに我々を人類として特徴づける」のである。

最近の法人類学において、トランスナショナルな法の役割や専門的知識体系としての法の姿を考える論点が注目されている。[4] マーク・グッデイルによる法人類学総説（Goodale 2017）は、そうした論点を敷衍した業績のひとつだ。グッデイルは、「意味の生成と結びつく法」の役割を観察しながら、既存のカテゴリーを超えて多様な用途を持つ現代の法の姿を見出す。法における線引きは包摂と排除の両面で働くことがあるし、法は強者のみならず弱者の手にも届くことがある。このような法の汎用性と多義性は、個別の文脈から独立して営まれる法それ自体の論理、すなわち法の形式主義あるいはリーガリズムに由来もする。こうした視点からみれば、法は既存の文化的境界を越え、ローカルな社会的法主体を超えていく。[5] グッデイルはエドゥアルド・コーン[6]を引きあいに出して「人間的なるものを超える」法の生態学の到来さえ予言しているが（Goodale 2017: 221）、シュピオとの相違はことばの比喩に留まらない。

シュピオが擁護する人間的な法と、グッデイルが論じる超人間的な法とは、どちらも法が持つ二つの顔なのである。だからこそ、ブライアン・タマナハがそうしたように両者を同時に批判することができる。すなわち、法を社会の規範や道徳を反映したものとみなす「鏡のテーゼ」が法を正当化する言説として働くことを批判し、その一方で法を社会の実体的価値から独立した手段とみなす極端な法道具主義については、エリートによる法知の独占を追認する一方、公共善の形成に資するところはないと指摘した（椎名 二〇一三）。法は、人間の手にあるかぎり、いずれにも傾く可能性を持つ不完全な存在なのである。

第八章　法と政治
——もうひとつのパラドクス

1　法と人類学

人類学は、個人の顔がみえる具体的な事例の積み重ねのなかから、人間の生きざまや社会のなりたちを理解する。その点で人類学者は法律家に似ている。人類学は事例《ケース》研究を、法学は判例《ケース》研究を、つまりどちらもケース・メソッドを重視する。二〇世紀初頭アメリカの高名な裁判官ベンジャミン・カードーゾは言った——「特定の事件から一般原理を導くには、まず事件そのものを理解しなければならない。ひとつの事件を理解すること、これがまた、なまやさしい仕事ではない」（カードーゾ　一九六六：二四〔訳文一部改変〕）。

ケース・メソッドの重視という点だけではない。「変遷する特殊なものを通して、その背後にある恒久的なものを見ようとする」（カードーゾ 一九六六：一一）姿勢においても、両者は似たところがある。法はそれを抱く社会内での普遍的適用を求める。ある社会で法とされるものが状況に応じて姿を変えるなら、それは正しくないし、そのようなものは法ではない。もし法律家はこのような意味での普遍性を求め、人類学者はむしろ多様性を求めるといった対比をするならば、それは、あまりにも単純な理解だ。徹底的なフィールドワーカーであると同時に、個人や文脈の多様性を吸収するなかで育まれる真の普遍性のありかを探究するイギリスの社会人類学者マックス・グラックマンは、カードーゾのような法律家と同様あるいはそれ以上に、深い意味での普遍主義者だった。

権威者による決定が普遍的適用の意図を欠く場合、それは法ではなく政治の領分における決定である（ポスピシル 一九七四）。北ローデシア（現在のザンビア）・バロツェ王国の裁判人は、個別の争論の社会的背景や特殊性を考慮する柔軟性を発揮しながら、普遍性を備えた判決を導く。グラックマンは、ここに含まれる重要な逆説を指摘した。すなわち、法が個別の争論によって破壊されることなく高次元の確定性を維持し、普遍的に適用可能となるのは、法自体が不確定性と柔軟性を内包するためだ。[1]

本章は、バロツェの司法過程を描き、カードーゾ『司法過程の性質』の議論を土台に法とは何かを語ったグラックマンの民族誌（Gluckman 1955）を題材に、法人類学の要所と課題を述べる。とくに、この作品が〈争論の民族誌〉を真の意味での〈法の人類学〉へと発展させる試みだったことに注目し、「法」の存在を求めることの意義について、またそのなかでの「政治」の位置づけについて考える。

バロツェの司法過程を描くグラックマンの民族誌において鍵となるのが「リーズナブル・マン」(reasonable man)の概念で示される社会的人間像である。男女を含む概念としてはリーズナブル・パーソンとする方が適切ともいえるので、本章では文脈によって使い分ける。英米法の概念としては「通常人」「合理人」が定訳で、「行為者の有責性を判定するための基準とされる仮定の人物。平均的な注意力、行動力、判断力をもって行為する人物で、例えば、ある行為者がその情況のもとで通常人の払う注意を怠ったかどうか(過失の有無)を判定する場合に基準とされる」(田中英夫編『英米法辞典』東京大学出版会)。

リーズナブル・マンに相当する現地の民俗概念のひとつは *mutu yangana* で、グラックマンはこれを「分別ある人間《センシブル・マン》」と訳すことができると述べ、さらにここでいう「分別」(*ngana*)は、ジェイン・オースティンのいくつかの作品においてテーマとなる「分別」に通じると付言する。たとえば、オースティンの小説『分別と多感』(原題 *Sense and Sensibility*)は、訳者・中野康司が解説するように、冷静で理性的な姉と一途で情熱的な妹との対比のうちに、理性(分別)本位と感情(多感)本位の両極端を描いている。グラックマンがわざわざオースティンに言及した意図は明確ではないけれども、男女関係と結婚をめぐる、ときに財産の行方が絡んでの、人びとの生、苦悩、そして内面の探りあいを題材にした点で、両者はよく似ている。グラックマンが調査の過程で観察した裁判事例のうち「五分の四」は夫婦関係に関わる事件だった(Gluckman 1955: 36, 64)。

グラックマンのこの民族誌は、モノ(財産)をめぐる紛争であっても常に人(人間関係)をめぐる法が主題となるような裁判事例についての詳細な記述を土台とする。本章では、同書掲載の六〇件の裁判事例のうちグラックマンがとくに詳細に記述したなかから四件を精選し、[2]それぞれの裁判における具体的な法の発見と適用のプロセスを再論する。裁判人は、当事者間の和解と関係維持を求めるが、政治的交渉によって法の普遍的適用を犠牲にすることはない。良き裁判人とは、それぞれの裁判事例に固有の社会関係においてリーズナブル・マンとは何かを知る者であり、まさにその基準に照らして判決を導く。裁判人は、法の支配のもとにあり、自らもまたリーズナブルな裁判人でなければならない。

2　リーズナブル・マンの民族誌——『北ローデシア・バロツェの司法過程』

バロツェは、その支配的部族であるロジ人の王を擁《いだ》き、グラックマンの調査時点で四百年以上の歴史を持つ王国で、その支配下に由来の異なる複数の民族が居住していた。クタ(王室顧問官会議)は裁判所を兼ねるもので、ロジ人顧問官が裁判人を、インドゥーナ(最上位の顧問官）集団のうち一名が裁判長をつとめていた。王自身が裁判人として意見を述べたり、決定に加わったりはしないが、判決は王に報告され、王の権威によって支えられていた。裁判所としてのクタは、二百年以上の歴史を持つと推定されるが、イギリスによる植民地統治が始まった西暦一九〇〇年以降は、死刑判決の禁止など、その権限が制限された。クタは下級審・上級審・最終審に分かれており、下級審の判決を不服とする当事者は上訴が可能だった。また、植民地化以降はイギリス式の高等裁判所とイギリス人行政長官がさらなる最終審として位置づけられた。王国支配下の各村落には、クタが指名するヘッドマンが配置された。

村を去る者は土地を失う――法はいかに適用されるか

『北ローデシア・バロツェの司法過程』における事例記述では、当事者・証人・裁判人の発言内容を、もともとの時系列で列記していく。そのような現場再現型の記述からわかることのひとつは、裁判人たちが判決を導くまでのプロセスの特徴は、論点拡張ということである。バロツェ社会において、土地＝財産の法は、モノをめぐる人についての権利として認識されている。日常的な人間関係を持たない者どうしの取引をめぐる紛争は、取引内容に直結する単発的な権利のみを考慮すればよい。だが、取引する者どうしが、当該の取引を越えて親族関係・婚姻関係・隣人関係・主従関係等にある場合には、事例1の意味での論点拡張が必要となる。

【事例1】 わけへだてする父（Gluckman 1955: 37-45）

三兄弟ABC（原告）は、父方オジにあたるヘッドマン（被告）を訴えた。争いの発端は、ヘッドマンの息子（Z）が、三兄弟の一人（C）の妻を寝取ったことにある。Cの妻は事実を認めてクタに納める罰金（牛一頭）を支払ったが、ZはCに対して賠償（牛二頭）を支払わなかった。それどころかCに暴言を吐いた。Cからの抗議を受けたヘッドマンは、彼ら（C、続いてA）を村から追放した。村を離れた三兄弟は、やがてZが自分たちの土地を奪取し、サツマイモとマンゴーを無断で収穫したことを知った。

ヘッドマンの息子（Z）は、自分がCの妻と男女関係を持ったこと、そして三兄弟の土地を自らのものにしたことを認めた。だが、Aこそかつて不適切な男女関係を持った経験があること、三兄弟は追放されたのではなく、自分たちの意思で離村したこと、そしてCこそが暴言を吐いたことなどを付け加えた。ヘッドマンは、若者一般の不品行を非難しつつ、三兄弟は理由なく離村したにすぎないと主張し、結婚する際に必要な婚資の牛四頭を提供するなど、ずっと三兄弟を支援してきたこと（AとBはこれが事実と認めた）に触れた。

続く裁判人とのやりとりのなかで、個別の事実関係についての認否をとりまぜつつ、三兄弟は帰村を希望することを明言した。ヘッドマン側も三兄弟の帰村を待望すると述べた。そして、裁判人たちは、判決を導くための自らの見解を一人ひとり述べていった。バロツェの法では「村を去る者は土地を失う」と決まっており、この裁判でもこれを適用すべきだ――最初に発言した三人の裁判人はまずこの基本原則を確認した。続く裁判人たちは、この原則を肯定しつつ、同時にヘッドマンが原告にとって「父」である――父方オジであり、育ての親であり、ヘッドマンである――点に留意した説教をそれぞれおこなった。父子関係における然るべき振舞いとは何かについての説教、そしてすべての当事者たちへの叱責である。加えて、裁判人の一人は、三兄弟が本心では帰村する意思がなく、A自身が新村を開き、自らがその長になることと、つまり村の分裂を画策している可能性があることに触れ、もしそのような結末となる場合には新たに罰金を課すことを告げた。

判決は、三兄弟が帰村すること、そしてヘッドマンとその息子がそれを受け入れて農地を返すことを命じた。両当事者はともにこの判決を受け入れ、その後、平穏に暮らしたという。それを可能にしたのが、権利義務から道徳をめぐるものへの論点拡張のプロセスだといえるだろう。この裁判においての両当事者と裁判人の関心事は、土地をめぐる権利関係を明確にすることに尽きなかった。当事者は、それぞれ自分が相手に対して公正かつ寛大な態度で振る舞ってきたことを強調し、相手の不品行を非難した。裁判人は、父子関係・兄弟関係ならびにヘッドマンと村人との主従関係のあるべき姿を、それぞれの社会属性に応じた人間のあるべき姿を、そして村としてのあるべき姿を語った。人びとは、父子そして兄弟が互いに助けあうこと、ヘッドマンが中立であることを求め、親族および村の分裂をともに悪しきこととみなす。当事者たちは、親子関係・兄弟関係・主従関係のあるべき姿について人びとが一般に考える内容を、それぞれの主張の根拠としていた。だからこそ、三兄弟に帰村を命じる判決は、法的にも道徳的にも正しいと両当事者に受け入れられたのである。

リーズナブル・マン――裁く人／裁かれる人の基準

裁判人は王国の立法者・行政官を兼ねており、裁判における法的判断は同時に王国の社会秩序を維持するための道徳的・政治的判断としても妥当であることが求められている。クタは、紛争処理や犯罪解決の担当に加えて、土地行政、学校運営、市場価格についても監督するなど複数の役割を果たしている。だが、裁判人は、政治的目的のために法を犠牲にすることを是としない。王も裁判人もまた法の支配のもとにあり、裁判人をつとめるインドゥーナが裁きの対象になることもある。

【事例2】 暴力を使ったインドゥーナ（Gluckman 1955: 83-90）

Y（原告）は、あるインドゥーナを訴えた。Yによると、インドゥーナ（被告）の息子（A）がYの妻（W）の姉妹を口説こうとしたことから、YとAとの間で喧嘩が起きた。抗議のためインドゥーナのもとに出向いた彼は、インドゥーナの屋敷で激しい暴行を受けた。そのため、Yは、クタ下級審に訴え、賠償を求めた。下級審は、インドゥーナに対して一ポンドの支払いを命じ、そのうち一部をYに、一部を罰金としてクタに支払うことを命じた。Yはこの判決に納得せず、クタ上級審に上訴した。

インドゥーナ（被告）の息子たちは、首を締められたと訴えるYの証言を否定した。インドゥーナは次のように述べた――突然やってきたYこそが「Aは〔Yに首を締め上げられて〕糞を垂れ流すことになるぞ」と威嚇した。自分が現場に到着したときは、逆に息子たちがYに馬乗りになっていた。自分は手を差し伸べて立ち上がらせようとしたのであって、腕を掴んで引きずってはいない。それに、そもそもトラブルの発端は、Yの義理の姉妹たちがふしだらな女だったことにある。

Yに有利な判決を導くに足る十分な証拠は揃っていたが、裁判人たちのなかに同じインドゥーナとして被告に味方する者がいたこともあって、被告の主張を退けるには、その瑕疵《かし》を明確に説明する必要があった。被告の責任を見極めようとする裁判人たちの論点は、暴行の事実そのものから、被告が当事者としてもインドゥーナとしても適性を欠いていたことへと移行していく――被告は、なぜ双方の間に立って解決につとめなかったのか、なぜインドゥーナたる者として許されざる暴力的手段に訴えたのか。被告の行為は、喧嘩を仲裁すべき者そしてインドゥーナとして「理にかない慣習にしたがう《リーズナブル・アンド・カスタマリー》」ものではなかったということが、被告を厳しく叱責するに足る根拠とみなされた。判決は、被告インドゥーナの過ちを認め、一ポンド全額をYの取り分とすること、ふたたび同じ振る舞いに及んだ場合にはインドゥーナの職を罷免することを申し渡した。

暴行の事実に関する争点から当事者間関係のあるべき姿についての道徳的評価へと話題が拡張した点で、この裁判は事例1と同様である。事例2では、裁判人と当事者とのやりとりのなかで次のことも明らかになった。すなわち、①被告は一ポンドを支払うよう命じたクタ下級審の決定について異議申し立てをせずに受け入れていた。②被告はYとAとの喧嘩を止めるためとしながらも、鞭を手にとって威嚇したこと自体は認めた。裁判人は、これらをふまえて判決のとりまとめを進めた。自らが潔白だと確信する者は、不利な決定が下されれば異議申し立てをするはずだし、インドゥーナは暴力的手段に訴えてはならない。これが当事者としての、そしてインドゥーナとしての理にかなった《リーズナブルな》行動パターンである。だが、被告がそのような意味でのリーズナブル・マンではなかったことが明らかになり、被告の証言の信ぴょう性への疑念を生み、被告不利の判決にいたった。

裁判人たちは、当事者の行動の是非を評価するうえで、証拠を精査するとともに、夫たるもの、妻たるもの、ヘッドマンたるものなど、それぞれにリーズナブル・パーソン、すなわち「分別ある人間」としていかに振る舞うべきかという基準を考慮する。

リーズナブル・マンの基準は、責任のありかと事件の真相を見極め、判決を導くための「手段《ミーンズ》」（Gluckman 1963: 179）となる。そのような手がかりとしてのリーズナブル・マンの基準には、性質が異なる二つの顔がある。当事者に求める行動規範について、そうあるべきだとする道徳論が第一であり、じっさいの行動に関わる人間観察においての、そうあるはずだという心理学的推論が第二である。たとえば、事例1では親子関係・兄弟関係・主従関係の、事例2ではインドゥーナとしての、それぞれあるべき姿の道徳的基準が、判決を導く過程で重視された。そのような意味でのリーズナブル・マンには、法が求める以上の「高潔な人間《アップライト・マン》」であることへの道徳的期待が含まれている。「分別ある人間」とは、まさにこのような理想に近づくリーズナブル・マンのことである。他方、事例2そしてつづく事例3では、○○たる者かくあるはずだ——自らが潔白だと確信する者は、不利な決定が下されれば異議申し立てをするはずだ（事例2）、女は、不義密通の証拠を突きつけられると、相手である真の愛人の名を暴く／暴かないはずだ（事例3）——という心理学的推論が顔を見せる。これは、当事者の証言の不自然さを暴く手段になる（事例2）。加えて、悪しき行動に伴うはずの「理にかなった」悪知恵についての推論、そしてそのような行動の真相解明につながる推論の手段にもなる（事例3）。すなわち、裁判人たちは、悪しき行動をとる者にもその典型的な振る舞い方があると推定する。

【事例3】 妻を寝取った学生（Gluckman 1955: 130-133）

ある夫婦が、教員養成学校に通う男子学生を訴えた。妻は、夫から問い詰められてこの学生と不倫したことをすでに認めていた。夫によると、妻は畑仕事を理由に家を不在にすることがつづいた。所在を疑った夫が、妻が畑仕事で使うはずの農具の保管場所を密かに移して、畑仕事から帰ってきたという妻の嘘を暴くと、妻は男子学生との関係を告白した。そこで、夫は学生を訴えた。妻側の証人として彼女の友人が次のように述べた。妻本人からこの学生は愛人だと聞いた。この学生から受け取ったという二シリングを見せられた。学生が友人同伴で、夫の留守中に妻の家を訪問し、オレンジを食べているところも見た。

男子学生（被告）によると、もともとは妻が彼を誘惑して愛人にしようと企んだ。妻が恋文を書いてよこしたので、不審に思って内容を友人に見せたこともある。学生は言った。①妻には自分とは別に本当の愛人がいて、自分は本当の愛人を隠すために利用された。②夫が妻から自分の名前を聞き出した経緯がおかしい（所在をめぐる嘘が暴かれたからといって愛人の名前まで明かすことは不自然だ）。③損害賠償の支払と教員養成学校からの退学処分の危険があることを知っているから怖くて不倫などできないし、するわけがない。

反対尋問で最初に厳しく追及されたのは妻だった。好意を寄せた男子学生から拒まれたために学生を陥れようとしているのではないか、そして、不倫関係を持った女性が、本当の愛人の名前を明かすことは考えられないはずだ、と。この追及につづいて発言した裁判人は、自分が不倫相手だと名指しされたことがあるとの自らの経験談を語り——当該の女性と密会していたことは事実だが……と付け加えたために失笑を買った——、ゆえに彼女の場合にも本当の愛人の名前を明かしているのだろうと述べた。

判決において、妻はその非があらためて指摘されて禁固刑となり、男子学生もまた手紙を夫に見せるなどのしかるべき対応をとらなかったことをもって夫に二ポンドを支払うよう命じられた。その後、学生はさらに上のクタ最終控訴審に上訴して、無罪となった。ただし、学生が手紙の内容を夫に通知するのを怠ったことがあらためて考慮され、学生を訴えた夫の責任は問われなかった。

裁判人たちは、人間の性《さが》について社会的そして個人的に獲得した信念をもち、またそうした信念に基づいて、事件の真相について推定する。たとえば、女から誘いを受ければ、拒絶する男はほとんどいない。プラトニックな男女関係は存在しない、といった心理学的推論だ。ただし、この事例が示すように、裁判人それぞれの推論――不義密通の証拠を突きつけられた女は真の愛人の名を暴くか否か――の間にはズレが生じている。リーズナブル・マンの基準は、事例3に含まれるような心理学的推論としても、そして後述の事例4に含まれるような道徳論としても、文脈に応じた解釈の余地を持つものである。

3　法の柔軟性と確定性

法は道徳と正義の求めにこたえて発展させるべきで、判決を導くことが困難であればあるほど良い法が生まれる（Gluckman 1955: 191, 361）。良き裁判人はそう考える。ヘッドマンの任命権を持つクタといえども、法が守護するヘッドマンの土地権限を否定して、彼が本来所有する土地を別の村落に居住する者に分与してはならない。このような財産処分は、居住地に根づいた王・ヘッドマン・一般村民の関係、ひいてはそれを基盤とする王国の秩序を破壊してしまう。次に示す事例4は、このような法規則の字義どおりの適用が正義にかなうか否かが裁判人たちの検討課題となった。

【事例4】 意地悪なヘッドマン（Gluckman 1955: 178-187）

マハリハリ一世は、王から土地を分与されヘッドマンとなったが、ひどく厄介な人物だった。実弟と対立し――兄による虐待をクタに訴え出た実弟は新村を設立して別居することになった――、実の娘Pには邪術による親族殺害の疑いをかけた。娘Pは、父が土地利用を妨げる、サツマイモと家畜を横取りすると訴えた。娘Pは、実母の村に逃れ、結婚後は夫の村に移った。夫の死後、子を連れて母の村に戻り、親子関係が良好だった時分に父から分与された〔漁労用の〕貯水池を使用した。貯水池は複数あって、マハリハリ一世はもう一人の娘Qにも別の貯水池を分与していた。その間、マハリハリ一世の厄介な性格のために村を離れる者が続出し、村は勢力を失いつつあった。そこで、マハリハリ一世は、同意を得て娘夫婦の息子一人を自らのもとに置くことにした。だが、その息子は白人入植地に働きに出かけたまま行方不明になった。

マハリハリ一世の死後、息子マハリハリ二世がヘッドマンの地位を継承した。二世は、村を立て直すために、父と同じ手法でQ夫婦に再度依頼し、別の息子を自らのもとに置こうとした。だが、断られたため、その意趣返しに、姉妹PならびにQ（マハリハリ一世の二人の娘）それぞれの貯水池をとりあげてしまった。そこで姉妹（原告）は二世を訴えた。マハリハリ一世と対立して新村を立ち上げていた一世の実弟は、二世側（被告）を支持する側の証人となった。

この事件を最初に審理したクタ下級審の裁判人は、村を去る者は土地を失うという理由で、貯水池はいずれもマハリハリのものだとの判決を導いた。そこで、二人の姉妹はクタ上級審に上訴した。事例2で当事者として非難の的となったインドゥーナは、この上級審では裁判人として、もともと父が娘たちに与えた財産を息子（娘たちの兄弟にあたる二世）が取り上げることはできないと述べた。これは道徳的義務を法的義務として認めようとする態度である。これと同じ見解を述べた裁判人はほかに二名いたが、別の三人の裁判人は、貯水池を含む土地はヘッドマンのものであるとして、マハリハリの権利を擁護する見解を述べた。多くの裁判人は、貯水池はヘッドマンであるマハリハリ父子のものであること、しかしながら娘（姉妹）がそれを使用することを妨げてはならないとの立場だった。

クタでの最終的な判決は、前述の三事例と同じ裁判人による。判決は、貯水池の所有者はマハリハリ父子であるが、姉妹の財産を取り上げる権利はないこと、もし財産を没収するならば、彼を罷免してあらたなヘッドマンを任命するというものだった。二世はこの判決を不服とし、最終審に上訴することを予告した。

裁判人たちは、法的義務と道徳的義務との狭間で難しい判断を迫られていた。マハリハリ父子の村落は、規模の割に構成員数が少なかったので、必要以上に広い土地があった。そのことからすれば、他所に住む親族がその分け前を主張することにも一理ある。だが、そうした土地処分を認めると、ヘッドマンの土地権限のみならず「村を去る者は土地を失う」とする法規則を否定したことになる。他方、この法規則を字義どおりに適用すると、不誠実な男たちを助け、憐れむべき女たちの生活を壊してしまう。

裁判人たちは、法と道徳との間のジレンマに直面していた。最後に発言したインドゥーナの判断は、このジレンマを解決するものだった。すなわち、二世が姉妹から土地を奪おうとするならば、クタの権限で彼を罷免して新たなヘッドマンを指名すると警告した。これは、「クタはヘッドマンを罷免することができる」とする別の法規則を手がかりに、道徳と正義の求めにかなった解決をはかるものだった。他方、「村を去る者は土地を失う」とする法規則については、その有効性を否定することなく適用しないという立場をとった。姉妹たちは村を「去った」のではなく村から「追放された」と解釈できたためだ。

マハリハリ一世の息子は、高潔な人間《アップライト・マン》に近づくべき者として、父から酷い仕打ちを受けていた姉妹を憐れみ、父に立ち向かってでも問題解決に努めるべきだった[3]。そして、マハリハリ二世を襲名した後も寛大な態度で親族に接するべきだった。このような道徳的責任を怠った二世を、大半の裁判人たちは擁護しようとは考えなかった。

裁判人たちは、このように道徳的観点からみて正しいと確信する結論をすでに手にしている場合でも、あくまでも司法判断として導くために、判決理由の妥当性を入念に見極める。根拠とする法規則は、複数のうちから選択する余地があり、またそれぞれについて解釈の余地がある。「分別ある人間」としてのリーズナブル・マンの基準もまた、当事者間の社会関係や訴えの社会的文脈にかなった解釈を必要とする。ヘッドマンは中立でなければならない、寛大でなければならないといった一般的かつ道徳的要請には、前述のとおり、法が求める以上の「高潔な人間《アップライト・マン》」であることへの期待が浸透している。どのような行動がそのような基準に一致するかについてはそれぞれの文脈での解釈が必要だ。裁判人の司法判断は、それを支えるさまざまな根拠を吸収していく過程を伴うものなのである。

法の普遍的適用における逆説

バロツェの裁判人はフリーハンドで自由に法を解釈して判決を導いているわけではない。自由裁量を発揮するのは一定の制約においてである――「裁判官は、自由に判決することができる場合ですら、完全には自由であるといえないのである」(カードーゾ 一九六六:一四二)。

カードーゾは、法の機械的適用によって導かれるのが判決だ――法は論理的に精緻で確定性を伴う——とする演繹的理解と、判決として導かれたもののみが法だ——したがって法は経験的で不確定性を伴う——とする帰納的理解との両極論を排除する。そして、中庸をとって、裁判官は、「法の欠缺《けんけつ》」（判断の根拠とすべき明確な法規定が欠けていること）があればこれを補充し、法の不確定性を補正し、正義に合致する結論を導き、その範囲内で自由裁量を発揮するべきだと考える（カードーゾ 一九六六：一〇、一二六―一二七）。判決基準の選択と解釈に苦悩する裁判官は、備えるべき論理的思考に従い、歴史と慣習に学び、そして裁判官個人の正義感を堅持しながら、時代固有の社会福祉の目的にかなう判決を導かなければならない（カードーゾ 一九六六：三九、一一三）。

　グラックマンは、カードーゾが描いたこのような法と裁判官の姿をバロツェの司法過程のうちに認めた。クタにおける法の存在は、グラックマンの概念（law）としても現地の民俗概念（*mulao*）としても、law in general としての「法大全《コーパス・ジューリス》」ならびに law in action としての「司法判断《アジュディケーション》」という二つの側面で理解すべきである（Gluckman 1955: 227, 325）。裁判人は、前者の意味での法を手がかり（法源）に、後者の意味での法を導く（司法判断をする）。グラックマンそしてカードーゾにとっての法は、多様な法源のなかから裁判人（官）による司法判断を介して発展する、その過程のなかに生きる法を捉えている。このような法の発展過程は、法の欠缺を補充することに加えて、社会変化に対応することにも寄与するような、新たな法の創造を可能とする。裁判人たちは、そのような意味での法の発展を、法に備わる柔軟性[4]を活かして実現するか。以上の点を捉えて、グラックマンは、本書の結論で次のような逆説を述べている――「わたくしの結論は、法大全としての法が、法概念の柔軟な不確定性のゆえに、判決におけるある種の不確定性を通して〔かえって〕確定的になることである」(Gluckman 1955: 365〔千葉編 一九七四：一五二〕)。

裁判人の理解によると、law in general としてのバロツェの法大全は、王国の秩序全体を維持するあらゆる規則を含む。慣習や道徳が求めるところに加えて、先例（文書として管理・共有されないため、裁判人がそれぞれ過去の経験に必要に応じて言及する）、制定法（王・クタ・植民地統治者による法を含む）、さらには神の法、民族をこえた共通法、自然界の法則や人間の心理的メカニズムにいたる、すべてを含む。他方、裁判人が担う司法判断とは、それらの規則を法源として、そして当事者の社会的背景にみあう「法的決定《リーガル・ルーリング》」をなすことである。そのような law in action としての裁判人の司法判断によって「規則」は真の意味での「法規則《リーガル・ルール》」となる。[5] そして、司法判断の全過程を各所で方向づけるのは、王国の秩序全体のなかで育まれた文化的思考としてのリーズナブル・マンの基準であり、またそこに浸透していく裁判人の道徳的期待である。

4　アフリカの法を求める――法をめぐる「政治」

第一章の冒頭で、人が人を裁くことの根源的な困難をどのように受け止めるのかという点から、ケニアにおけるグシイ・イゲンベ・ドゥルマの三社会を比較する論点を提示した。すなわち、グシイは人が人を「裁く社会」でありながら「裁ききれない社会」であり、イゲンベは「裁かない社会」であり、ドゥルマは「裁いてしまう社会」だ。このような比較でいうと、バロツェは、神判的方法を使うことなく、裁判人の判決によって解決につとめる社会だという点では、上記の三類型のうちのグシイと同様だ。そして、両社会ともに、判決を導くことはカードーゾがいうように「なまやさしい仕事ではない」。だが、グシイとは違って、バロツェは「裁く社会」かつ「裁くことができる社会」だといえそうだ。

バロツェが「裁く社会」かつ「裁くことができる社会」であるのは、法大全としての法が王国の秩序全体を維持するもの、究極の正義と法の確定性が王の権威と結びつくものと考えられているからだろう。グシイは、そのような王が存在しない、いわゆる国家を持たない社会だ。だが、王の権威という点のみで説明することはできない。すでに述べたように、バロツェの王が裁判人として判決に加わることはないし、王もまた法の支配のもとにある。当事者が判決に納得するかどうかは別にして、裁判人たちは law in general としての法の存在を確信し、自らの手でlaw in actionとしての法を導く。バロッェが「裁く社会」かつ「裁くことができる社会」であるのは、司法判断の目的に確信をいだき、法の確定性と普遍的適用を維持する手法に熟達した裁判人たちが存在するからである。

法の生命

裁判の民族誌には、裁判官の司法判断の過程に注目するものと、当事者の主張表明の過程に注目するものとがある。両アプローチを併用する場合にも、法の存在そして発展をどのように考えるかによって、どちらに力点を置くかの基本姿勢が分かれる。

グラックマン自身がそう述べているとおり（Gluckman 1955: 96-97）、バロッェの司法過程は裁判人の訴訟指揮を裁判の推力としている点で職権主義的だ。これと対比して、裁判の推力を当事者の意見表明に求める理念は、法学において当事者主義と呼ばれている。後者の側面から紛争事例を観察するアプローチは「方法論的当事者主義」と呼べるだろう。

方法論的当事者主義は、紛争処理という受動的側面のみならず、当事者の関与による新しい規範形成という積極的側面を明らかにすることができる。アメリカの法人類学者ローラ・ネイダーの二〇〇二年の著書（Nader 2002）は、裁判制度を主体的に利用する人間（原告）が法の発展にとって不可欠の役割を果たすこと、またそのことが民主的な規範形成のプロセスに寄与することを強調した。これは、法の生命は当事者の主張表明にあるとみなす立場である。方法論的当事者主義をとる法の人類学は、ボトムアップの手法でさまざまな語りに耳を傾ける。そして、当事者が内面的苦悩をことばにして表現しきれないこと、語りにくさがあることを理解しようともする。これは、裁判官がいかに判断を導くかに着目するアプローチでは十分に描き切れない側面だ。その意味で、当事者の主張表明に着目するアプローチは、裁判の民族誌のなかで不可欠である。その一方で、法人類学の方法上の問題として指摘されるようになったのは、当事者の意見対立を記述する裁判の民族誌が、いつのまにか「法」の人類学であることをやめて「争論」の人類学になってしまうことだ。

本章でとりあげたグラックマンの民族誌は、裁判人による法の発見と適用の場としての司法過程を描き、本章冒頭で述べたように、普遍的適用の意図を備えた法的決定の条件を明らかにした。それをふまえたうえでの最後の論点は、法と政治の緊張関係をめぐる、本章にとってはもうひとつの、逆説的論点である。

フィリップ・ノネとフィリップ・セルズニック（一九八一）は、応答的法をめぐる法社会学的考察のなかで、政治との緊張関係を維持しながら確定性と柔軟性とを発揮する法の姿を論じた。応答的な法は、柔軟性を優先して法と政治との一体化を許容するために抑圧的な法と、形式主義を高めることで政治と決別する自律的な法との対立を超える。応答的法において法と政治とはふたたび結合するが、それは法の連続性を維持しつつ法の柔軟性を可能にするためであり、かつ権威者による場当たり的な決定や法の変更を制約するためだ。そのような法を導くのは、公共の利益を実現する目的であり、そのような目的指向的な応答的法が求めるのは、利益間の「対抗・妥協としての『権力政治』」ではなく、「政治体の理想を実現せんとする理性的努力としての『高等政治』」である（ノネ・セルズニック 一九八一：一八七）。

バロッツェの司法過程における法の目的指向性は、道徳的観点からみて正しいと確信する結論が、判決理由の妥当性を見極める段階ですでに裁判人たちの手にあること、リーズナブル・マンの基準に高潔なる人間に近づく道徳的期待が浸透していることなどに読み取れる。このような目的指向性は、それぞれの時代・社会で育まれ、客観性を欠いた不確かな、あるいは個人の自由を脅かすものとして、批判の対象にもなる。だが、前章で述べたように人間の法はそのようなドグマを伴うがゆえに真に人間的な法となるともいえるのだ。

法として認知すること

グラックマンは、自らの民族誌的発見がカードーゾの司法過程論に合致することを示しながら、バロツェの司法過程が近代西洋のそれに比肩することを強調した。西洋諸国の法と比較して両者の共通点を指摘する手法は、西洋の基準をアフリカに押しつけているとして後にポール・ボハナンによる批判を呼び、両者の論争として知られるようになった（河合 一九七九）。このような批判には一定の妥当性があるが、西洋とアフリカとを対等な関係に位置づけようとするグラックマンの政治的立場にも留意すべきであろう（Moore 2001: 98）。

というのも、西洋諸国でいうところの法に相当するものがアフリカの伝統社会には存在しない。このような見解を導くことは、植民地支配者側にとって都合のよい部分があった。たとえばケニアでは、ロンドン大学東洋アフリカ学院のユージン・コトランが編纂した『成文アフリカ法』が独立後の一九六八年に刊行された。これは、ケニア国内諸民族の慣習法の具体的内容を記述しており、現在も司法の現場で慣習法典に相当するとみなされている。成文化事業が植民地時代に始まったこと、またイギリス人の手で編纂されたことなどから、植民地時代の遺制を引き継ぐとみて批判することは可能だ。人びとの日常生活のなかで育まれる慣習法を箇条書き形式で、しかもイギリス法の概念を使って抽出することはできないという視点から批判することも可能だ。だが、次のような歴史的経緯をふまえると、このような批判は力を削がれてしまう。

植民地統治者側には、アフリカ法成文化事業に着手することについて強い反対論があった。それはアフリカ人の訴えを法・司法の領分ではなく、行政の領分と位置づけて考える立場による反対論である。アフリカ法を法として認めることは植民地支配に対する異議申し立てを可能にすると恐れられていた。したがって、アフリカ法成文化事業を植民地支配の遺制とみるのは一面的な理解なのである。法の背後に国家の権力を読み解くことは誤りではないし、法はたしかに政治的強者にとって支配の手段になりうる。だが、強者は法によらずとも支配の手段を備えている。他方、弱者にとって、法は権利実現のための貴重な手段となる。だからこそ、強者は法の支配を忌避することがある。

5　法の人類学

法の生命は当事者の主張表明にあるとするネイダーの指摘は正しい。だが、「不法とか不正義とかを正すという任務が個人の請求者の肩にのみ押しつけられるようなことになってはならない」し（ノネ・セルズニック 一九八一：一五三）、当事者間の具体的な意見対立は、多くの場合「法についての紛争ではなく、事実についての紛争なのである」（カードーゾ 一九六六：一三〇）。当事者の訴えに耳を傾け、判決において法の普遍的適用を導く、良き裁判人は困難な知的探究を担っている。

歴史社会学者のイマニュエル・ウォーラーステインは、真の普遍を目指す知識人のあるべき姿について次のように述べた――「知識人は、必然的に、三つの水準で作業をすることになる。すなわち、真の追求においては分析家として、善と美の追求においては道徳的人間として、そして真の追求と善および美の追求との統合を目指すにあたっては、政治的人間として、である」（ウォーラーステイン 二〇〇八：一五六）。法と道徳とを総合して正義を実現しようとするバロッツェの裁判人もまた、同じ意味で分析家であり、道徳的人間であると同時に、政治的人間なのである。

グラックマンの『北ローデシア・バロッェの司法過程』は、ブロニスラフ・マリノフスキーの『未開社会における犯罪と慣習』とならんで、法の人類学的研究について語る著書であれば、かならずといってよいほど引用する基本書のひとつである。調査研究の方法論において革新的だった点を確認するだけでは、その意義を十分にくみ取ったことにはならない。どちらも、法を政治権力による一方的な命令あるいは個人による機械的服従として説明する視点を退け、法が人間関係につなぎとめられた権利義務の体系としての基盤を持つものであることを具体的に論じた。そして、どちらも、法がその内部に矛盾を抱え、それゆえに苦悩する個人の姿、そして個人と個人との間の交渉を民族誌のなかに書き込んだ。グラックマンの民族誌の意義は、具体的な個人のなかでもとくに苦悩する良き裁判人の姿に着目した点、人が人を裁くことには根源的な困難が存在するなかでの「裁く社会」かつ「裁くことができる社会」の可能性をアフリカの一社会の文脈で具体的に論じた点、そして〈争論の民族誌〉を〈法の人類学〉に導いた点にある。

おわりに

本書でケニア中央高地イゲンベ地方に見たのは、個を覆い隠す社会、社会を語る社会の姿である。そして、待つことを知る社会、人が人を裁かない社会の姿である。他方、ケニア西部グシイ地方に見たのは、個を語る社会、人が人を裁く、しかしながら裁ききれない社会の姿である。二つの社会をこのように対比することは（第一章、第四章）、比較社会学としての社会人類学における説明としては単純化しすぎたところがあるかもしれない。これは、人が人を裁くこと、そして普遍的に適用可能な法を求めることの根源的な困難を人間がどのように経験するかという点での可能な方法を比較したものであって、別の視点からみればまったく異なるかたちで共通点と相違点を明らかにできるはずだ。

本書は、右のような対比のうちに、人が人を裁くことの困難から一時的に離脱する方法としてのオルタナティブ・ジャスティスの可能性を考えるための事例をイゲンベ地方に求めた。そして、法の混淆状況の入口と出口とを見極める方法としてのリーガル・プルーラリズムの課題を考えるための事例をグシイ地方に求めた。どちらの社会にしても、人間的法主体と社会的法主体との間の断絶を埋めあわせることを、はじめから放棄しているわけではない。異なっているのは、当事者個人間の交渉をいったん停止すること――そして当事者自身そしてその周囲の自他理解に変化が生じるまで「待つ」こと――によるか、交渉を高めること――そして第三の法主体の介入を得ること――によるかという点である。だが、グシイ地方の事例において、後者の意味での出口を求める道筋には、解消しえない困難があった。

　ターンブルは共通の価値を奪われた「孤独なアフリカ人」の悲哀を描いたが（第三章）、人間的法の危機に対するシュピオの警告をふまえていえば、孤独なのは植民地状況下のアフリカ人だけではない（第七章）。どこであれ共通の法を抱く社会的法主体は自然発生しない。尾﨑一郎（二〇〇六）がいうように、法へのコミットメントとは、なにより他者との公共的なコミュニケーションを切り開くことである。それは、人間的法主体が享受する自由を一定程度に放棄することでもあり、他者にもまた同様の自由の放棄を求めることでもある。[1]法人類学は、このような顚末に行き場のない警戒心を抱きながら、当事者の意見対立の「厚い」記述のうえに法の行方を求める。このような争論の民族誌から法の人類学への道筋には、幾重にも難所がある。

　本書第三章で、千葉正士の法理論が人間的法主体の存在を強調しながら全体として社会的法主体の解明に傾いたことについて、それが人間的法主体に対する確信と懐疑との両者を含んでいたためであろうことを述べた。法は、当事者個人＝人間的法主体による呼び込みを受けて、確定性と柔軟性、形式主義と反形式主義、法と政治といった深層の二項対立を顕在化させていく。これが法を豊かにする推力であることはまちがいない。本書は、このような複数の二項対立に由来する意見対立を、人を知る法としての婚姻＝身分契約に関わる現実の紛争事例のなかで観察した（第六章）。無数の正しさの間の永遠の競合状態（第一章）は、人間の手によって解決することがもともと困難なものである。それぞれに固有法を抱く社会的法主体は、人間的法主体の主体性のみによって得られるものではない。

リーガル・プルーラリズムは、その入口において当事者の意見表明を確かな推力とする一方で、その出口においてこのような「政治的人間」としての第三の法主体の手による新しい法の創造を求める。マックス・グラックマンは、北ローデシア（現ザンビア）・バロツェの司法過程において第三の法主体による裁きを可能とする社会的条件を認め、これを明らかにしようとした。グラックマンがバロツェの司法過程に見たのは、人が人を裁く、そして裁くことのできる社会の姿だった（第八章）。

本書でいう第三の法主体としての役割を担うのは、あくまでも生身の人間である。本書の議論では裁判人の役割を中心に論じ、社会を語る現地の書き手（第四章、第六章）さえ言外に想定しているが、一般的な意味でのエリート主義を意図してはいない。オルテガの「生の計画」

を抱く貴族（第三章）、あるいはウォーラーステインがいう政治的人間（第八章）であろうとする者――いわば「精神のない専門人」（大塚 一九七八）の対極にいる者――である。だからこそ言いくるめの態度を排し、ふたたび、待つことを知る正義が求められるのだ。

第一章で言及したフェルナンダ・ピリー（Pirie 2013）が古今東西の事例から具体的に描いたのは、「誤った地図」から脱して「意味のある地図」に近づくひとつの方法としてのリーガリズムの探究が、法学者・法律家の知的活動によって担われること、そしてそのような活動の社会的・政治的文脈である。ここでいう「誤った地図」は法が政治に絡み取られる現場で描かれ、「意味のある地図」は現実の政治を超越する高みから描かれる、あるいは固有の理想主義を指向することによって描かれる。法は、究極の正義への希求に導かれた知的産物であり、それはリーガリズムを土台とする。リーガリズムは、一般規則もしくは特定のカテゴリーをもちいて、個別の出来事・人間・事物の社会的属性を一般化、抽象化する形式主義的思考である。古今東西の多様な法は、このようなリーガリズムを導く知的探究を共通の基盤としたが、結果的に現れる法の機能、あるいはリーガリズムの使い方は多様である。リーガリズムを特徴づける一般化指向の形式主義は、文脈指向の反形式主義との緊張を伴う。それぞれに多様な法は、そのような緊張を内包しながら発達する。それが解消しえないがゆえに、法は、理想を担保するものとしては、あくまでも不完全な、だからこそ人間的な歴史的産物だ。真の法人類学とは、そのような存在として法を知る人間学なのである。

注

はじめに

1　数年あるいは数十年という表現をとると、あまりにも漠然としてみえるかもしれない。だが、未来とはそのように不確実なものだ。ケニア人宗教学者のジョン・ムビティ（一九七〇：一八－二〇）によれば、アフリカ人（とくに彼自身の出身民族であるカンバを含む東アフリカのバントゥー系諸民族）の時間観念において、直近の未来を示す語彙はあっても「はるかな未来という観念を伝える単語も表現の方法もない」。それは、「未来の事柄はまだ起こっていないから、認識の対象になり得ない」からである。

2　ドイツの民族学者ヤンハインツ・ヤーン（一九七六：一四四）によれば、アフリカ人にとって「世界において生起するあらゆる事柄は、たとえば豊穣と旱魃、疾病とその治療、幸福と不幸は、いずれかのムントゥ――生者であろうと死者であろうと、あるいは神であろうと――のせいなのである」。動植物を含む自然界の事物はそれぞれに固有の力を備えるが、そうした力を引き出すのはことばをつかさどるムントゥであり、事物がひとりでに人間に働きかけることはない（あわせて阿部 一九八一：二〇）。

3　自然現象としての災いでさえも人間の営みに起因するものとみなす、いわゆる災因論的思考について、西ケニア・テソ社会の事例多数を分析した長島信弘によると、テソの災因論では、災いには、誰のせいでもないものから、被害者自身の責任によるもの、被害者の身内の責任によるもの、悪意ある何者かによるものまで複数のパターンの存在が想定されている。だが、テソの人びとの説明（災因の解釈）事例の内訳をみると「被害者自身に責任があるとされる災いはほとんどない」（長島 一九八七：四一一）。つまり、ほとんどの場合は他人の責任によるものと考える。その点でイゲンベと異なっている。

4 オルタナティブ・ジャスティスは、法を否定するためのものではない。大屋雄裕に倣っていえば「現存する法を理想へと近づけていく」ための方法である――「「これが正義だ」と言うことのできるような法は存在しない、しかし現存する法を理想へと近づけていくこと（中略）は、理想状態としての正義とは異なる、もう一つの別の正義なのである」（安藤・大屋 二〇一七：二一〇）。

5 一九四三年に東北帝国大学法学部を卒業した千葉は、戦後公職追放となる広濱嘉雄の指導下、「大東亜共栄圏の慣習法」を新たな研究テーマに選んだ。それは、他者を支配するための法理論を求め、植民地支配と戦争遂行体制を支える学問と化した御用法学の産物だった。のちにそのような学問の姿、そして学生の身分とはいえそこに身をおいた自らの過去を告白し、厳しく批判している。そうした批判が彼の仕事の原点である。

6 千葉追悼論文集『法文化論の展開』（角田・メンスキー・森・石田編 二〇一五）の、とくに第一部に所収の大塚滋、北村隆憲、鈴木敬夫それぞれの論考を参照。

7 長谷川晃による法のクレオール論は、一定の方向性において法変容を生み出す「価値的志向性」の探究を課題のひとつと位置づけている（長谷川 二〇一二：七）。

8 これは、田中成明が「裁判官などの法律家だけでなく、国家権力の行為者や一般私人も含め、法を用い動かすすべての人びとの法的実践」を捉える法の一般理論を求めていること（田中 二〇一八：一〇）に通じる論点である。

9 ケニア裁判所法（Judicature Act）は、慣習法は民事裁判において適用するものと規定し、刑事裁判における適用を排除するほかは適用範囲を限定していない。ただし、民事裁判のうちでも不法行為法と契約法の領域については適用外とする司法判断が導かれており、また地方裁判所法（Magistrate's Courts Act）は地方裁判所による慣習法の適用対象を土地権・家族法・相続法の領域に限定することを明記している。結果、公式裁判所における慣習法の適用範囲は、家族法と相続法の領分に限られている。(Ochich 2011: 109-110)

10 『成文アフリカ法』（原題『アフリカ法のリステイトメント』）は、監修者のアントニー・アロットが述べているように、一九一三年以来のアメリカ法律協会によるリステイトメント事業を念頭においたもので（Allott 1968: viii; Twining 1964: 38）、他の法源を排除する排他性、法の統一性をはかる包括性、他法の介入を認めない完全性（北居 二〇一四）を備えているわけではないので、本来の意味での、あるいは大陸法系諸国でいう「法典」とは性質が異なる。むしろ、法の「不確実性と複雑性」を改善しながら、「個別の論点における様々な立場を紹介し、紛争解決のための判断材料を提供する」ことを目的とした、英米法に特有の「部分的法典化」による法典（木原 二〇一四）に相当する。

11 ポスピシル（一九七四）は、「普遍的適用の意図」を法の四属性のひとつに挙げた（本書第七章）。「普遍的ルール適用」をその属性とする近代法型裁判モデルについては、和田（一九九四：一三〇）を参照。

12 浅野友紀が指摘するとおり、リーガル・プルーラリズムはそう限定せずに探究されるべきテーマではあるものの、私法は「非国家的要素から出発しつつ、国家法に係留され、融合と緊張の関係にあるという、法多元的性質を本来的に持つ」（浅野 二〇一八：三四）がゆえに、リーガル・プルーラリズム研究に適した題材を多く含んでいる。

13 この点については法人類学者フェルナンダ・ピリーの議論（Pririe 2013: 151）を参照。

14 ゆえに大屋（二〇〇六）の次の指摘が本書の考察にとって重要である――「正義への関与なしに社会は存続し得ないのである。だからこそ、我々は、社会の存続を望むならば、正義について語り、労力を投入しなくてはならない」（大屋 二〇〇六：二〇四）。

第一章

1 本章で比較するグシイ・イゲンベ・ドゥルマは、いずれもバントゥー系の農牧民（農耕を生業の中心としながらあわせて牧畜を営む人びと）である。私は、グシイとイゲンベにおいて現地調査を実施した経験を持つが、グシイについては松園万亀雄の民族誌（松園 一九九一ほか）と海外の先行研究に基本を学び、そのうえで紛争処理と慣習法運用の側面に特化した現地調査をおこなった。イゲンベについては、農村生活と人間関係を包括的に理解する、いわゆる全体論的アプローチでのフィールドワークを重ねてきた。ドゥルマについてはもっぱら浜本満の民族誌に依拠している。

2　ムーマはケニア中央高地とその周辺のバントゥー系諸民族において、自己呪詛を伴う宣誓を意味する概念としてひろく使われている。上田将（一九七四）は、カンバ地方における正邪決着の方法としての「ムマ」の事例について詳細に記述している。独立戦争期のケニア中央高地において、ムーマは抵抗運動への忠誠を誓う手続として多用された（石井 二〇〇七：四章、プレスリー 一九九九：一九四－一九五、マイナ・ワ・キニャティ 一九九二：二六、二六一－二七〇など）。

3　上田（一九七四）が詳細に記述したカンバ人集落における家族内での妖術告発の事例では、ムーマの実施に先立っておこなわれた当事者に対する長老たちの尋問と論点整理――何について宣誓するかを見極めること――が、当事者に反省を促しつつ、紛争解決へと歩を進めるものだったことがわかる。私自身が理解するところでは、イゲンベにおいても、最終的な決着をムーマにゆだねるにせよ長老たちの当事者尋問が同様の効果を持つ。他方、ドゥルマの方法に類似したギリアマ地方における神判・宣誓としてのキラホに関する慶田勝彦（一九九四：三三五）の研究は、「キラホによる決定は『最終審』という体裁をとるのであるが、次には『くつがえされるかもしれない』という可能性を常に持っており、原理的には『終わりのない』最終決定をただ生産し続けるだけ」だと指摘している。

4　私は、ここで述べたドゥルマの施術師の方法を、ためらわずにインジャスティスと位置づけた。理由のひとつは、ここでの批判が、ドゥルマの方法を標的とした他文化批判に尽きるものではなく、日本における冤罪発生のメカニズムをめぐる自文化批判を含意していること。ひとつは、共通善がいますぐの時点で語りえないとしても、共通悪についてはその限りではないと考えるためである（若松 二〇〇三）。湖中真哉（二〇一九）は、東アフリカにおけるインジャスティス、とくに国家の機能不全に起因するローカル・インジャスティスを、文化の問題に還元するのではなく、取り組むべき現実の問題として明らかにする。

5　アフリカ人の時間観念を論じたジョン・ムビティによると、「ヨーロッパやアメリカから来た人はアフリカ人が時間を浪費するという。しかしただ坐っているように見えるアフリカ人は、時間を待つか、時間を「作り」つつあるのだ」（ムビティ 一九七〇：二一）。

6 イゲンベは男系社会だが、クラン（外婚単位となる「親族集団」としての氏族）は地縁化していない。元のクラン名を維持したままの分派の移住が、長い年月をかけて少しずつ進行し、イゲンベ地方全体に及んでのクラン分派の混在状態が形成されている。多くの場合、クランは平常の利益集団として顕在化しておらず、内婚禁止の親族集団とみなされているものの、分派間はおろか、分派内の親族関係さえ明確に記憶されていないことが一般的である。クラン成員権はあくまでも個人それぞれの生得的な社会属性として、必要時に「発見」されるという側面が強い。

7 二〇一九年現在、ルコイは職業呪術師として生計を立てている。

8 私が滞在した農村は、一九九六年に、国際開発NGOのハビタット・ケニアがケニア全土で最初に資金貸付型の住宅建設支援を着手した地域である（石田 二〇〇八a）。ルコイの母は、二〇〇三年にローンをすべて返済した。

9 着用者に匿名性を付与する仮面の機能については、これまでの研究においても指摘されてきた（たとえば佐々木 二〇〇〇：二〇〇）。イゲンベの文脈で私があらためて仮面の機能に着目するのは、直接的に仮面をもちいない文脈においても、紛争処理を担う第三者の人格を覆い隠すことがイゲンベにおいて正義を担保するうえでの要件になっているとみるためである（第二章）。深川宏樹（二〇一六）はニューギニア高地社会における関係性の「覆い隠し」が潜在的な友好関係を維持しつつ敵対関係への一時的な発言を生み出すことを述べ、この文脈で人類学者サイモン・ハリソンの「戦争の仮面」論に言及している。

10 ひとくちにリーガル・プルーラリズムといっても、特定の地域の社会生活を包括的に規律する法の複数性を捉える「共同体的法多元主義」を指示する場合と、特定の目的・社会活動をめぐる法の複数性を捉える「機能的法多元主義」を指示する場合とを区別することも可能だ（浅野 二〇一八：三〇）。この区別によっていえば、本書は、社会的背景をふまえて一般的に議論する文脈では前者の意味でのリーガル・プルーラリズムを主眼とするものだが、婚姻の成立要件をめぐる争点に特化した裁判事例（本書第四章と第六章の事例研究）においては、両者の区別はさほど明瞭なものではない。

11　本書第三章で議論するように、ここでいう固有法とは、外部の影響が及んでいない在来の法システムのことではなく、新たな移植法に対峙する、その時点でのドメスティックな法の姿を捉える概念である。

12　ブライアン・タマナハは、この点を次のように説明している――「訴訟において当事者たちが競合する法システムをそれぞれの武器として戦略的に用いることを可能にする点で、リーガル・プルーラリズムは訴訟の強度を高める環境を提供しているのである」（タマナハ 二〇一六：五七）。

13　リーガル・プルーラリズムは、国家法外部の多様な規範秩序を包摂すると理解するにせよ、国家法の内側においての法の多元性を指示すると理解するにせよ、「正当性の理由づけを主眼とする議論」に並び立つものとして、多様な法主体の間の「合意形成を主眼とする交渉」（田中 二〇一八：二八）を位置づける。

14　この点を含めた本書の議論を理論的に補強・展開するには次の議論が有用である。長谷川貴陽史（二〇〇八：一三）は次のように述べている――「公共的議論は、人々が結合する方法の一つである。ここで結合というのは、議論に参加した人々の意思が合致するとか、議論が合意に収斂し、連体的関係が生まれるという意味ではない。意見の不一致や争論としてであれ、議論を通じて人々の間に社会的結合が生まれるということである」。長谷川は、「複数の「私」を媒介・結合」する局面を公共性の「構成的契機」、「複数の「私」の結合を切断・否定する局面」を公共性の「統制的契機」と呼んでいる。

15　阿部（二〇〇七）の社会的和解論は、当事者間関係を、二者間のうちに閉じた対立関係から多数が参加するなかでの共通目標を抱いた競合関係への変換を想定している点で、当事者間の直接的交渉の停止を伴うものと理解することができる。千葉正士（二〇〇一：一三六）は、自らの紛争類型論をスポーツ固有法の議論に敷衍し、本来的に競争形態をとる競技のみならず、対争形態をとる競技（格闘技のほか、野球やサッカー等を含む）までもが「スポーツ法理念のもとに技倆を競争して儀礼性の発揮をめざすスポーツ行動に変換」しうる側面を観察した。

16　このように理解すべきものとしての「赦し」の語りは、右の事例のほかにも認められる。二〇一五年六月、米国サウスカロライナ州チャールストンの教会で、ひとりの白人至上主義者に九名の黒人が殺害される銃撃事件が発生した。被害者家族のその後を報じた新聞記事に、当事者による次のようなことばが紹介されている――「我々の歴史は、痛みの歴史。何か被害を受けた時、ゆるせなければ、いつまでも憎しみに心を支配される。ゆるすことは、自らを解放することなのです」（朝日新聞二〇一六年一月一日朝刊記事）。

17　本章の内容を最初に発表した成蹊大学拠点の研究会（研究代表者・細谷広美）の場で久保忠行からの示唆を得て、ほかにも関連文献を知ることができた。二〇一五年一一月のパリ同時多発テロ事件において妻を亡くしながら、実行犯に宛てるメッセージとして「ぼくは君たちに憎しみを贈ることはしない」と綴った、アントワーヌ・レリス（二〇一六）のエッセイはそのうちのひとつである。

18　法社会学者・尾﨑一郎の論考（二〇一三）は、この点に関わる法と正義をめぐる議論の要所を明確に指摘している。すなわち、普遍性を想定すること、ならびに包括性・公共性を確保することに加えて、正義の内実についての人為的な定式可能性を想定することが、法を手がかりに正義を考えるうえで欠かせない前提である（尾﨑 二〇一三：六三）。だがそれと同時に、法と正義との間の根源的な齟齬があらわになって、法は「正義による批判の目にもさらされている」（尾﨑 二〇一三：六七）。

第二章

1　ここでいう集落は、リネージ（系譜をたどれる範囲の親族からなる出自集団）の構成員からなる小規模な自然村のことを指す。

2　行政首長は、もともと植民地時代に導入された制度が今日まで存続したもので、第四章で述べるように、地方行政府の指揮下で、草の根の行政ならびに治安維持を担う、地元採用の行政官である。

3　ここでいう当事者対抗性は、対立する両当事者がそれぞれの主張をぶつけあい、そのうえで第三者が裁定する、いわゆる当事者主義と同義である。本章では、イゲンベの紛争処理において、当事者対抗性が一時的に保留されることを強調するが、紛争処理プロセスの全体においては、当事者対抗主義が基本的枠組として維持されている。

4 イシアロとは、イシアロ間の規範に違背した結果として生ずる災厄のことを指示する（災厄が生じることを「イシアロに捕まる」と表現する）ので、日常生活において、自分にとってのイシアロ・クランに属する人物に呼びかける場合に「ムイシアロ」を呼称としてはならない。「ワーバ」（「同じ父を持つ」兄弟）「ムタノバ」（同上）、あるいは「カムシエ」（家族）と呼びかけるべきである（実の兄弟には「ムタノシア」（「同じ母を持つ」兄弟））と呼びかける）。また、平時にイシアロ・クランに属する人物に言及する場合に、災厄を想起させる「ムイシアロ」を指称として使用することさえも避ける場合があり、「イチュミ」と呼ぶ方が望ましいともいわれている。

5 ケニア刑事訴訟法（Criminal Procedure Code）は、第一七六条にて、裁判所が殺人事件の被害者遺族に対する賠償の支払を加害者側に命じることを認めているが、民刑峻別の観点からの慎重論が勝って死文化している（Brown 1966: 35; Coldham 2000: 221-222）。先行研究で指摘されているように、ケニアにおいても殺人事件の多くは近親者・近隣者・知人間で発生する（Mushanga 2011: 94）。そのような場合、公式の刑事手続とは別に、両当事者それぞれの近親者が自分たちの手で賠償の支払を進めることは珍しくない。私自身、イゲンベ地方の一農村における殺人賠償四件の観察において、刑罰よりも関係修復を求める当事者たちの姿を認めた。なお、殺人賠償四件に関する私の英文論文は、固有法知識の共有過程と賠償責任主体としてのクランの組織力について詳細に記述した（Ishida 2017）。本書第四章で、キプシギスとイスハ（ルイア）というケニア西部の二民族社会の殺人賠償について社会構造上の視点から比較分析した小馬徹の論考（一九九七）に比較事例を求めながら、イゲンベにおける民族の固有法形成の諸条件を論述する。

6 ただし、別稿（Ishida 2018）では、調査地とその周辺の複数地域において、新たなリーダーシップのもとでの自治意識の高まりに応じてクラン復興が見られることを報告した。

7 ここでいうクラン所属は、当事者の生得的地位を基準とするものである。たとえば自らの主張が正しいことをムイシアロの面前で宣誓する場合に、育ちのクランではなく生まれのクランを男系的に特定し、そのクランとイシアロ関係を持つクランに所属する人物を、ムイシアロとして招かなければならない。女性は婚家（夫方）ではなく生家（父方）のクランが、両親の事情で母方居住をする子どもたちは自らの生物学的父のクランが、それぞれ生まれのクランということになる。

8　たとえば、前述の殺人賠償では、アズィンバの人びとは、被害者側として賠償を受けとる二年間にわたるプロセスのなかで、イシアロの力を活用することがあった。殺人賠償は、個人の私的取引ではなく、クランを交渉主体とする公的取引とみなされるため、賠償を受けとる側のアズィンバの人びとは、クランの結束を象徴するクラン小屋を建設した。この小屋には、イゲンベ・サウスイースト郡各地のアズィンバ・クラン分派の長老たちが長期にわたって滞在していたので、その長老たちの賄いにかかる経費の負担がクラン会議における懸案となった。長老たちは、重要事項を協議するクラン会議を開催する場合にはかならず遠方からムイシアロを招き、他のクラン成員に対する協力要請をムイシアロに代弁してもらうことで、多くの成員の協力を引き出そうとした。

9　ただし、別稿（Ishida 2014: 82）で報告したように、ンチェーの兄弟にあたるキベレンゲに備わるイシアロの力への恐怖を背景にして和解が成立したケースもあった。

10　ミラー（miraa, 学名*Catha edulis*）はイゲンベ地方に固有の嗜好品作物である。一九九〇年代から海外輸出用の換金作物としての利用が拡大し、イゲンベ地方においてコーヒー・茶に代わる有力な現金収入源となった（石田 二〇一四）。

第三章

1　同書（原書）刊行の一九六二年は、コンゴにとって、ベルギーからの独立、政治的混乱、モブツ・セセ・セコの台頭へと続く移行期にあたる。この時期以降のアフリカ的価値の回復運動が、モブツ大統領による独裁体制の基本方針となったことは皮肉なことである。

2　イブラヒモ、マツンギ、ヘンリー・スペンス（自身もまたこの村に白人宣教師として赴任しながら村人たちの理解をどこまでも得られない孤独に苛まれていた）のほか、クリスチャンとなって白人社会に近づこうとした男（マスーディ）、白人社会から距離をおき、むしろアフリカ的世界に生きようとする白人ハンターの妻となった女（サフィニ）、伝統的な豹人結社に参加した最後の男（ルカンバ）、それぞれの苦悩が当事者視点で語られている。

3　これまでの研究において、アフリカにおけるローカルな文脈でのキリスト教の需要が、親白人でも反白人でもない第三の道として、純粋な信仰と結びついた事例が報告されている。二〇世紀初頭のウガンダに出現したバマラキ教会が人間の手による医薬品のいっさいを拒絶したのは、神の存在と力への純粋な信仰を貫くためであり、かならずしも反白人の精神的態度のためではなかった（中林 一九九一a、ほか小泉 二〇〇七）。

4　ここでいう部族主義は、政治対立と結びつくような部族主義のことではなく、固有の価値を育む社会的・歴史的基盤を維持する態度のことである。

5　このミニシンポジウムでは、石田慎一郎、則竹賢、馬場淳、藺巳晴の四名が報告した。また、報告論文をとりまとめて小冊子『千葉理論再考――人類学的視点』を一〇〇部作成して会場で配布した。

6　この過程で、角田猛之とヴェルナー・メンスキーとの個人的交流から多くを学んだ。角田のとりまとめによる二〇〇八年の日本法社会学会学術大会ミニシンポジウムとその経緯についての記録（角田 二〇〇八）、二〇〇八年二月にロンドン大学東洋アフリカ学院のヴェルナー・メンスキーを訪問したことについての記録（石田・河村 二〇〇九）、ならびに関西大学・首都大学東京・ロンドン大学東洋アフリカ学院における一連の千葉追悼セミナーの記録（角田 二〇一五b）を参照。

7　二〇一五年二月に、信山社から遺著『法文化への夢』（千葉 二〇一五）が刊行された。遺著刊行に続き、二〇一五年五月に追悼論集（角田ほか編 二〇一五）が刊行された。ここには、国内外の研究者による十二本の論文および千葉の主要著作二〇点の文献案内に加えて、棚瀬孝雄、ホセラモン・ベンゴエッチャ、アナリース・ライルズによる推薦のことば、千葉の全著作目録をおさめている。

8 追悼論集巻頭のアナリース・ライルズによる推薦のことば（ライルズ 二〇一五）から。ライルズは、研究者間の協働を架橋する点からも千葉の意義を論じている（Riles 2015）。千葉法学の国際的評価については、コイデル 一九九二、宮澤 二〇〇三、大塚 二〇一五a、角田 二〇一五b、Feest 2003 などを参照。

9 ここでいう支流とは、紛争類型論（千葉 一九八〇：五章）およびスポーツ法学へのその応用（千葉 二〇〇一：一三六）、法と秩序の連続性理論（千葉 一九八〇：六章）、法体系に対比される法秩序の法社会学的研究（千葉 一九八〇：八章）、法の象徴論（千葉 一九八八：一一章）、さらには固有法論（Chiba 1986）、学友論（千葉 二〇一五：一五章）など多岐に渡る。

10 そのような試みとして、薗 二〇〇九、馬場 二〇一五、マパウレ 二〇一五。

11 人間は、一個人としても一集団としてもそれぞれに自律的で自己完結した存在ではない。むしろ不完全であるがゆえに開放的で無限の可能性を持つ、「フロンティア的」で「コンヴィヴィアル」な存在である。アフリカにはひろくこのような人間観がみられると述べ、その可能性について論じたフランシス・ニャムンジョ（二〇一六）は、「コンヴィヴィアルな学問」の可能性についてあわせて論じている。

12 わが国におけるメンスキー理論の紹介については、石田 二〇〇八b、角田 二〇〇九、二〇一四、岡崎・青木 二〇一四、河村 二〇一五を参照。このうち岡崎・青木 二〇一四は、青木人志による概説が有用である。

13 メンスキー担当のアジア・アフリカ法講義については、石田・河村 二〇〇九、角田 二〇一四を参照。このうち角田 二〇一四は、講義の内容を詳細に紹介している。メンスキーは二〇一四年九月末にロンドン大学東洋アフリカ学院を定年退職した。

14 社会的法主体は、家族・親族集団などから国家や地球社会などまで、大小さまざまなものを含んでいて、それぞれのうちで普遍性と多様性を議論することが可能だ。次に挙げる文献においての普遍性の探究は、なかでも世界規模での普遍性を議論する文脈を捉えたものだ。すなわち、多様性から出発して求められるべき普遍性を論じた川田 一九七六、対話法的正当化とその開放性に根ざす普遍主義について論じた井上 二〇〇

三、「いいかげんな普遍主義」と「いいかげんな文化相対主義」とがいずれも対話を排除し、自分か中心主義に陥っている点で根源的に同じであることを指摘した浜本 一九九六を参照。

15 齋藤民徒（二〇〇五：一六八）もまた、リーガル・プルーラリズム研究において「法体制や法規範といった「客体」の複数性よりも、むしろ「主体」の法認識の複数性に着目する」ことの必要性を指摘している。

16 この論点は、法と紛争の連続性理論（千葉 一九八〇：第六章）、法体系に対比される法秩序の法社会学的探究（千葉 一九八〇：第八章、一九八八：Ⅱ部）と結びついている。

17 他稿では次のようにも述べている――「法の多様な存在形態の各特徴に応ずる特定的概念として、法一般を「一社会の正統権威による統合的社会規範」、これを保持する単位社会を（社会的）法主体すなわち「法の社会文化的主体」（これに対し権利義務の主体である個人は「権利主体」）、法体系を「個々の法規の体系的集合」、法秩序を「法体系の規定に逸脱する行動をも含む現実の社会秩序」、とそれぞれ規定して区別する」（千葉 二〇一五：一一八）。ここでは人間的法主体の概念を権利主体の概念に置き換えて論述している。

18 メンスキーは二〇〇八年以降にこの三極に国際法の次元をつけくわえた新たな四極モデルを提示している。四極モデルについては角田 二〇一四、二〇一五aを参照。

19 角田も、メンスキーの「巧みな法のナビゲーター」と千葉の法主体論との連続性を指摘している（角田 二〇一五a：三六九―三七〇）。メンスキーの弟子にあたるイフサン・イルマッツ（Yilmaz 2005）とプラカシュ・シャー（Shah 2005: 9）もまた、それぞれ「巧みな法のナビゲーター」、「リーガル・プルーラリズムを受容する側の主体的視点」について論じている。

20 オルテガ『大衆の反逆』の解説として内田（二〇〇五）が有用だ。オルテガの次のようなことばが示唆に富んでいる――「支配者としての生の計画のないような支配などというものはない」（同書：五〇一）。「野蛮とは、規範も頼るべき原理もない状態のことである」（同書：四三九）。「文明は何よりもまず、共同生活への意志である」（同書：四四二）。私自身は、当初ちくま学芸文庫版（神吉敬三訳）を読んだが、「共存への意志」（神吉訳）より「共同生活への意志」（寺田和夫訳）の方が、本章の文脈になじむ訳語と判断して、本章での引用は内田と同様に中央公論社版（寺田訳）を使用した。

21 ここでいう「消化」概念は、佐々木重洋（二〇〇〇：一七）によるもので、自らの連続性を維持しながら外来の事物を受容する「主体的な異文化受容の様態」を指し示す。

22 久保秀雄（二〇〇六：二四五―二四六）は、「法と文化」と題する論考のなかで、ウェーバー法社会学が考察した歴史の動因としての「『秩序化』と『闘争化』の根本的に矛盾する緊張関係」という文脈のなかで、法と文化という問題が先鋭化することを論じている。

23 法の手段的機能に対する象徴的機能に関する千葉の考察は、ジョーゼフ・ガスフィールドの議論をふまえたものである。このような意味での法の象徴的機能に着目した法文化論については、北村 一九八五、千葉・北村 一九八八、角田 二〇〇三を参照。

24 合理的・自律的な法主体像を生身の個人に外側から貼りつけてしまうことの問題点は、『法社会学』六四号の特集「法主体のゆくえ」でも検討されている（山本 二〇〇六）。

25 このような立場は、千葉自身の戦時経験に由来する。飯田順三（二〇一一）および鈴木敬夫（二〇一五）が指摘したように、千葉は、戦時下の東北帝国大学在学時に自ら「大東亜共栄圏の慣習法」を研究テーマとしたことに対する反省を、自らの法人類学・アジア法学の土台にしていた。千葉は、角田猛之（一九九九）に応答して、「（角田が）私の学問の出発点における動因を（国家体制と戦争突入に対して適切有効な批判ができなかった）戦前の法哲学のあり方に対する反省にあると観とった」点を「有用な観察」と認めている（千葉 一九九九：二二七―二三九）。

第四章

1 この文脈での固有法と慣習法との区別についてはStarr and Collier 1989: 8-9とVincent 1989: 163を参照。これは後述の「生きている慣習法」と「国家公認の慣習法」との区別と同義である。本書では、「国家公認の慣習法」を指示する文脈で慣習法の概念を使用する。固有法概念については第三章4節を参照。

2　これらの批判の総論的紹介については、たとえばTwining 1964: 32-33を参照。

3　グシイ地方において、植民地化以降に土地に対する人びとの権利意識が出現し、婚資をめぐる在来の固有法の論理を応用して土地に関する新たな慣習法が生み出されたこと（Mayer and Mayer 1965）。二〇世紀初頭まで基本的な財産は土地ではなく牛だったが、植民地化以降に逆転したこと（松園　一九九一：二三）が指摘されている。グシイ地方における婚資をめぐる法意識の変化については第六章注4を参照。

4　ここでいうところのアフリカ法は、慣習法のみを指示するものではなく、国家の制定法を含む法の全体であり（Allott 1965: 219; Menski 2006: 402）、リーガル・プルーラリズムにおいて求められる新たな固有法のことでもある。第三章4節で述べたように、本書でいう固有法とは〈他者の法〉を「消化」しながら歴史的に発展してきたものである。

5　前章で触れたヴェルナー・メンスキーは、ロンドン大学東洋アフリカ学院（SOAS）アジア・アフリカ法講座においてアロットそしてコトランの後任者にあたる。

6　タンザニア政府による成文化事業においては民族境界をこえる共通慣習法を指向するかたちでリステイトメントが進められた（Twining 1964: 42; Rosen 1978: 7）。ケニアにおける成文化事業においても、民族間の法の類似性に着目した「ケニア慣習法」の発展を目指していたが（Cotran 1969b: 129, 145; Twinig 1964: 22）、結果的に民族単位で編纂するかたちで出版された。

7　現在のケニア国家法は、憲法、制定法、コモンロー、ならびに慣習法を法源とする。慣習法とコモンローはともに一定の制約下で運用されている。裁判所法（Judicature Act）には、「正義と道徳に矛盾撞着せず、またいかなる成文法とも不調和をきたさないかぎりにおいて、そのアフリカ慣習法によって導かれる」という条文がある（松園　一九八八：八一三）。この「導かれる」という文言については、裁判所による慣習法の適用を認可したものであって義務づけたものではないとする解釈（Wanjara 1989: 145）と、義務づけたものだとする解釈（Ochich 2011: 119）とに分かれている。裁判所法の制定と同時に廃止されたアフリカンコート法は「アフリカ慣習法を適用し実現する」と規定していたので、裁判所法の成立によって慣習法が実質的に「格下げ」されたといわれる（Ghai and McAuslan 1970: 375）。また、「コモンローを適用する」ではなく、「コモンローの実質的内容を適用する」と規定する条文について、これを「コモンローの実質的内容を選択的に継受する」ことを含意したものだと解釈する法学者もいる（Abdullahi 1999: 180）。

8　メル民族（Amîîrû）は、メル語（Kmîîrû）を母語とするバントゥー系の農牧民の連合体であり、言語のほかにも生活技術・社会制度・世界観の点でそのすべてに共通する特徴を持つが、九つのサブグループの間で語彙・生業・植民地経験等の点で多様性がある。

9　「婚資」（bride wealth）とは、結婚に際して夫ないし夫の親族が妻の親族に給付する財貨のことである。「花嫁代償」（bride price）と同義概念として通用するが、とくに男系社会では、夫が子どもの親権を確保するための「子孫代償」（child price）の機能を併せ持つことがある（Goody 1973: 11; Hakansson 1988: 14）。いずれの観点も対人的権利の獲得のための代償の側面を捉える点で、婚姻成立条件をめぐる形式的な関係規定を前提としている。

10　ミラー（*miraa*）はイゲンベ地方で栽培されている地域固有の嗜好品作物である。詳細は、第二章注10および石田二〇一四を参照。

11　第六章で述べるように、形式主義と反形式主義とはしばしば衝突するが、本来的に、あるいは常に対立するわけではない。主張表明のパラダイム（Comaroff and Roberts 1981）として選び取られることによって対立する規範として表面化するものである。

12　このやりとりは録音テープに記録していたので、イクナスが、録音内容を確認しながら、要旨を書き起してくれた。そのトランスクリプトでは、マリピンの息子が七人であることが記されている。

13　この点に関してジョン・A・バーンズ（一九八一〔原著論文刊行は一九六二年〕）は、アフリカの諸民族社会の研究から導かれた分節リネージ体系のモデルをニューギニア高地の諸民族社会にそのまま応用できないことを指摘した。すなわち、ニューギニア高地において一見すると男系出自によって組織されているように見える社会においても、男系的連続性は子孫確保の経路としての父子関係の累積によるものであり、ニューギニア高地における男系集団への帰属は非拘束的で、個人間のネットワークを基盤とした集団形成が顕著である。バーンズ論文は、それでもなおニューギニア諸社会のうちエンガについては「男系モデルにうまく合致する」社会と特記している。バーンズ論文刊行後に出版されたマーヴィン・メギットの研究は、エンガ社会の男系クランが防衛力を高め、自らの存続を図るために非男系成員を補充する一方で、男系イデオロギーと非男系成員に対する排他的傾向を維持することのジレンマを指摘している（Meggitt 1965: 44-48）。

14　イゲンベ社会では、メル民族の他のサブグループと同様に、割礼年を基準に成員を補充する年齢組が、出身村・クランを超える民族全体の横断的な自他識別の基準となっている。約一五年にひとつずつ新たに誕生する年齢組は、さらに三つの下位範疇で構成されていて、人びとはどの下位範疇に属するかを含めて個人の社会属性を識別する。イゲンベの年齢組体系は、隣接サブグループのティガニアと同一名称の八つの年齢組（加藤 二〇〇一：九二‐九三、馬場 二〇一四：一四四‐一四六）からなり、約一二〇年周期で一番目の年齢組に回帰する円環的な構造を持つ。

15　とはいえ、イゲンベ地方において個人が死後に忘却されたり、名を残すことができなかったりするわけではない。イゲンベ地方には、個人はその実名もしくは社会属性や性格にちなんだ名前を子孫に与える名取り慣行がある。ここでは、名を与える者と受け取る者との間の同一性が仮定されており（加藤 二〇〇一：一一一‐一一四）、前者は不可分の閉じた人格として子孫に記憶されるわけではない。付言すると、名を与えた者自身が、さらに前の世代の名そして人格を受け継いだ者として理解されている。

16　中林伸浩は、西ケニアのグシイとルオの男系出自や祖先崇拝の観念が植民地化以降に土地が希少資源となったことに伴って強化されたものだと指摘した人類学者モーリス・グリックマンの論文を紹介している（中林 一九九一b：一二九‐一三〇）。中林自身が調査をおこなったイスハ（ルイア）についてはその説は当てはまらず、男系的系譜は「植民地時代以前からしっかりしたものだったと想像できる」という（中林 一九九一b：一六七）。

17　エンガ地方における郷土史研究事業の各種成果（たとえばWissner and Tumu 1998）とそれらの背景につ

いては別稿（石田 二〇〇二b）で詳述した。そこで詳らかにしたように、人類学を中心とするエンガ研究においてもともと蓄積があった口承伝承に関する基礎研究を基盤とするもので、一九六〇年代後半以降に深刻化し、有効な手立てが見出せなかった集団間紛争の抑止のための実践的研究が合流するように一九九〇年代に新たな展開を得た経緯がある。その後の展開を含めた主催者による報告とさらなる成果としてWissner and Tumu 2013 や Wissner 2016 があり、研究拠点の博物館エンガ・タケ・アンダ（エンガ文化センター）のリニューアルを含め、エンガの伝統文化記録事業として顕著な成果を挙げている。

18 ウガンダにおいても成文化事業に対して植民地行政側に強い反対論があった（Twining 1964: 44）。

19 しかしながら、地方裁判所の裁判官に行政官出身者が多数を占めたこともあって（Twining 1964: 29; Ghai and McAuslan 1970: 372, 374）、独立後のアフリカ諸国にとって課題となった司法の独立（Rosen 1978）については、独立前後の制度改革によってただちに実現したわけではなかった。

第五章

1 日本民法における婚姻は、方式（婚姻届の提出）を要件とする要式契約であるという点で、特定方式を必要としない諾成契約を典型とする財産法上の契約と異なる。また、締結の自由はあるが、権利義務の具体的内容の自由決定が完全に認められているわけでない。婚姻＝契約の効果は法定されており、自由改変の余地はない（たとえば、同居義務と貞操義務を負わないという合意は認めない）という見解もある（大村 二〇〇二：一二四）。ゆえに、婚姻を「契約」でなく「制度」とみる説もある（大村 二〇〇二：一三三―一三八）。

2 グッドイナフ（一九七七：一七）による婚姻＝契約説がその一例である。

3 法か道徳かの弁別は、より分析的に組み替えることで、本書で提示する形式的規定／実質的理解の二項対立へと発展させることは可能である。

4 三浦徹（二〇〇四）は、イスラーム契約法における形式主義と人格主義との二つの結合原理を論じたが、そこにも同様の含意がある。

5　本章のもとになる二〇一〇年刊行の初出論文では、モース『贈与論』からの引用を弘文堂版（有地亨・伊藤昌司・山口俊夫訳）に依拠したが、本書では、その後に得られた岩波文庫版の新訳（森山工訳）にかえた。

6　レヴィ＝ストロース（二〇〇〇）は、交換取引における信頼関係の成立条件について二つの場合（一般交換と限定交換）を想定したが、ここでは限定交換における信頼である。

7　ブラウ（一九七四：九九）によると、「社会的交換は有利性の徹底的な打算と愛の純粋な表現との間の中間ケースである。しかし、経済的取引と愛の関係ですら、まったく純粋な形で極限的過程をあらわすことはまれである」。

8　リーチ（一九八五：二一八）によると、「資本主義社会の賃金―貨幣経済が与える幻想は、この種のシステムにおける関係はより『基本的な』システムにおいてみられる関係とはまったく種類が異なっている、というものである。そして、まさにこの区別をする社会学的思考には、長い伝統がある。初期の親族に基づいた社会の身分関係と『現代』社会の契約関係との間には根本的な区別があるというヘンリー・メインの主張は、一八六〇年代に遡る。（中略）しかし、資本主義社会は、それを賞賛する者、非難する者、どちらもが信じたがっていたようなばらばらで個人主義的なものではない」。

9　レヴィ＝ストロース（二〇〇〇：七九五）は、「度を超した言語使用として定義される二つの行為カテゴリーを見出す。大騒ぎして遊ぶこと、高笑いすること、感情を露骨に表に出すことなど、量的観点から定義されるカテゴリーと、人間の生の言葉ではない音に応答すること、人間的な外観をまとっているだけの個体（鏡とかサル）を対話の相手にすることなど、質的観点から定義されるカテゴリーである。（中略）それらはどれも言語の濫用をなし、（中略）インセスト禁忌、インセストを喚起する諸行為と一緒にくくられる」。

10　とはいえ、サヴィニーは、婚姻成立局面において当事者の自由意思が主題化する点で、婚姻を契約と捉える観点を否定したわけではない（石部 一九七八：一九〇）。

11　川島（一九五七：二四七）によれば、カントは「近代市民社会の価値体系の論理構造を、法の領域について――そして婚姻について――明確にすることを目的としたのであり、まさにそれゆえに彼は現実を捨象し、また現実との妥協にすらいたらなかった」。

12　たとえば、ロバート・ゴードンは次のように述べた。「標準的な取引に関する法的な見方が、ビジネスの世界における経済的関係の日常的な経験に打ち勝って広まったということはまったく驚くべきことであり、そしてそれは、現実に対する知覚を作り上げるイデオロギーの力を示す証でもある」（ゴードン 二〇〇一：一一四）。

13　本章とは論点が異なるが、ドゥネスとローソン（二〇〇四）は、婚姻＝契約説を積極的に議論した、比較的最近の例外的な研究書である。

14　本章の論点に関連するウェーバー契約論として、石尾 一九七一と与那国 一九九七を参照。

15　ここでいう〈形式〉と〈実質〉の概念は、ウェーバー『法社会学』による。人類学的手法による法廷コミュニケーションの分析（Conley and O'Barr 1998）や、本章で触れた関係的契約論は、単発性／関係性の二項対立に形式／実質の対立を重ねるけれども、本書の視点では形式性と関係性とはかならずしも対立関係にない。むしろ特定の人間関係（婚姻）をめぐる〈形式的規定〉と〈実質的理解〉との対立によって特徴づけられる事例を分析する。

16　法解釈学でも「身分行為においては、効果が法定されておりその効果は一括して生じるということをどう考えるかという点」は決着していない（大村 二〇〇二：三七）。

第六章

1　グシイは、ケニア西部に居住するバントゥー語系の農耕民であり、その生活様式については松園万亀雄による一連の民族誌的研究がある（松園 一九九一ほか）。一九九九年において居住地に該当するニャミラ・キシイ・グチャ三県（当時）の人口は約一四五万人であり、その大半がグシイ人である。これは、本章の事例の社会的背景として関係する点であるが、一平方キロメートルあたり六五八人を数えるほど、人口密度が高く、極度の土地不足が大きな社会問題となっている。

2　対立する当事者の主張表明は、それぞれに社会文化的な意味づけと正当化を必要とする。人類学者のジョン・コマロフとサイモン・ロバーツは、このような視点からアフリカ南部のツワナ社会における紛争当事者間のコミュニケーションの形式と内容に注目し、当事者が自分自身の「主張表明のパラダイム」(paradigm of argument)をいかにして選択するかという観点から紛争過程を記述した。そして、「主張表明のパラダイム」として選び取られ、相手方の主張に対抗するための典拠となることによって意味内容を実体化していくという「ツワナの法と慣習」(*mekgwa le melao ya Setswana*)の被構成的な性格を明らかにした(Comaroff and Roberts 1981: 84-6, 102-6)。弁論規範の抽出過程における諸規範の「呼び込み」(invocation)をめぐる、棚瀬孝雄(一九八八)の議論がこの論点を継承している。棚瀬は、普遍的な社会規範と個別的な解決規範との接点になるような「弁論規範」を模索していく過程を、当事者間関係ならびに裁判官・当事者間関係において進行する法廷内部のコミュニケーションの側面からモデル化した。裁判過程における弁論規範の顕在化は、当事者双方が自らの主張を支える典拠を相手方にぶつけていく積極的な弁論行為を伴ってはじめて実現する。

3　ケニアでは、婚姻法(Marriage Act)が定めるところにより役所への届け出によって成立する婚姻(以下、民事婚と呼ぶ)のほか、キリスト教式、イスラーム教式、ヒンドゥー教式の婚姻がそれぞれの法律によって承認されている。また、それらとは別に、婚姻法第三七条において慣習婚が認められている。ただし、婚姻法は、慣習婚を成立させるための手続について具体的内容に立ち入って定義していない。各民族の慣習法の具体的内容を国家法が規定することは不可能だというのがその理由である。

4　グシイ社会における婚資は、花嫁代償に留まらず、子孫代償として機能を持つ。松園万亀雄の一連の研究によって明らかにされたように、グシイ社会では、妻が産んだ子であれば、生物学的な父が誰かに関係なく、夫の法的な子とみなされる。換言すれば、父と子との間の関係は、妻(母)を経由した関係として理解されている。婚資の支払によって成立する婚姻関係は、父子関係の同定に先行する前提条件なのであり、新郎側から新婦側に支払われる婚資は子孫代償とみなされる(松園 一九八七)。したがって、かりに離婚ということになれば、夫は子の監護権を確保しておくか、それとも子の監護権を放棄して婚資の返却を妻側に求めるかの二者択一をすることになる。松園は、一九五〇年代と一九七九年・一九八〇年の離婚訴訟記録（グシイ）をそれぞれ分析し、その三〇年の間に生じた変化を明らかにした。明らかにされたいくつかの変化のうちで、本章との関連で興味深いのは、原告として離婚訴訟に臨む夫たちの間では、監護権の確保よりも婚資の返却の方を求める当事者の割合が増えたことである（松園 一九八八：八三五）。松園によると、それは、土地不足のために土地の相続が土地の細分化をもたらすことを理由としてグシイの男性が以前ほど多くの子を望まなくなったからである。だがその一方で、「ある男の法的な妻が産んだすべての子がその男の法的な子」であるという伝統的な関係規範そのものには変化が見られなかったのである。なお、一九九〇年代後半までの最近二〇年間の変化については、キシイ裁判における一九九七年と一九九八年の離婚訴訟記録を分析した別稿（石田 二〇一六）で詳論している。

5 逆にいえば、和田仁孝（一九九一：一一）が指摘したように、第三者的紛争処理と当事者間交渉とを「時系列的にもメカニズム的にも不可分の連続的・統一的プロセス」としてとらえることにより、国家制度としての裁判所をはじめとする第三者的紛争処理機関の特質とその社会的機能を理解することが可能になる。

6 Ouko & Ouko v. Ombaye, Chief Magistrate's Court at Kisii, Civil Case No.124 of 2000.

7 「婚姻の推定」をめぐるケニアの判例として、Njoki v. Mutheru and Others, Civil Appeal No71 of 1984ならびにYawe v. Public Trustee, Civil Appeal 13 of 1977を参照。

8 判決では、牛は一頭五〇〇〇シリング、羊は一〇〇〇シリングと換算して現金で支払ってもよいとされた。なお、支払期限は三〇日以内であった。

9 Buge v. Mamboleo & Six Others, High Court of Kenya at Nairobi, Civil Case No. 1849 of 1998.

10 原告死亡の場合の法定代理人による訴訟継続手続については、Civil Procedure Rules, Order XXIII に規定がある。

11 夫と妻それぞれの両親が互いを指示することば。複数形は「チコレラ」。

12 Sunday Nation, 29th October 2000.

13 セシリア事件の判決が法曹専門誌上で紹介されたのは、グラディス事件の判決が下った後の二〇〇〇年六月だった（Matata 2000）。

14 この点は、阿部昌樹（二〇〇二：一六）の次の指摘に関わる――「法に対して道具的に指向する者が強烈に自己の権利を主張し、それが「権利のための闘争」の外観を呈しているとしても、その権利主張の背後にある動機づけは、あくまでも目的合理的なものである」。

第七章

1 この点については、集合的サンクションに関する論考（飯田二〇〇六）を参照。

2 法律が一般的であると考えることの意義を西洋法思想史的文脈で検討した松島裕一（二〇〇一）は、古代アテナイにおいて、前四〇三年の民主政回復以後に、ノモス（一般性をそなえた法律）とプセーピスマ（個別具体的な決議）とが厳密に区別され、前者の優位が求められたことについて、それが「民衆扇動家がはびこり、万事が民衆の決議に委ねられる急進的民主政を否定する文脈」においてであったと指摘している。

3 筏津安恕（二〇〇一）は、クリスチャン・ヴォルフの契約理論の法思想史上の意義に着目しながら、他律的意思を中心におくプーフェンドルフの契約理論から自律的意思を中心におくカント、さらにはサヴィニーの契約理論（本書第五章）への転換、あるいは実質的な価値基準を想定する義務の体系から権利の体系への転換について論じた。

4 国内では、たとえば山田亨（二〇〇七：二二八）、高野さやか（二〇一五：二五）がこの点に言及している。

5 アナリース・ライルズは、国際的な金融取引で使用される契約書が、当事者間の関係規範を創造したり体現したりせず、ルーティン化した技術として現実世界の秩序形成に寄与することに着目した（Riles 2011）。

6 コーン、エドゥアルド『森は考える――人間的なるものを超えた人類学』（奥野克巳・近藤宏監訳、近藤祉秋・二文字屋脩共訳）亜紀書房、二〇一六年。

第八章

1　阿部年晴（一九八二）は、相反する力の均衡を、広くアフリカ各地の民族社会におけるさまざまな題材を貫くモチーフと捉えている。

2　グラックマンは、本書の摘要にあたる論文（Gluckman 1963）で六〇件のうち九件の概要を示しながら論述した。そこでは本章事例2、3、4を選び、そのほか六件は本章とは別の事例である。

3　婚姻という法律行為によって確立する夫婦関係は、離婚という法律行為によって解消できる。しかし、兄弟姉妹関係の解消はできない。よって、クタはヘッドマンの権限を守護する法にしたがうこと、正義を実現することと、マハリハリ一族において平穏を取り戻すことをどちらも目指さなければならなかった。

4　グラックマンは、ここでいう法の柔軟性と不確定性を、law in actionとしての司法判断のみに関わる問題とみているわけではない。法をつくりあげる諸概念には、複数の解釈を可能とする「多元性」を備えた抽象度の高いものと、それぞれの文脈を持つ具体的な個人・行為・事物やまったく新しい出来事の説明を可能とする「伸縮性」を備えた、相対的に抽象度の低いものとがある。多元性が減ると伸縮性が増すこと（またはその逆）で、法大全においても司法判断においても、法は柔軟性・不確定性を維持している。

5　バロツェの法大全は、常態としてはそれ自体のうちにすでに法規則の地位を得た規則と、いまだその地位を得ていない規則（alegal rules）が含まれている。グラックマンは、法のこのような側面やリーズナブル・マンの基準に法が求める以上の道徳的期待が含まれる点に、法の「浸透性」（Gluckman 1955: 294）を見出している。

おわりに

1　ほか『法社会学』六八号の特集「公共性の法社会学」冒頭で佐藤岩夫（二〇〇八）は、左派の批判理論の側からも公共性の「喪失」「衰退」が議論されるようになったことについて、国家的公共性とは異なる市民社会の公共性を視野に入れる議論の広がりに呼応する部分があることを指摘しつつ、個人の「「かけがえのなさ」を消し去る代償をともなうのではないか」という点を法社会学上の論点のひとつとして指摘している。

参照文献

日本語文献

青木人志　二〇〇二『動物の比較法文化――動物保護法の日欧比較』有斐閣。
青山道夫　一九六四『現代の家族法』岩波新書。
浅野有紀　二〇一八『法多元主義――交錯する国家法と非国家法』弘文堂。
朝日新聞　二〇一六年一月一日朝刊「世界はうたう1　アメージング・グレース」
――　二〇〇六年一〇月七日夕刊「容疑者家族に「許し」　アーミッシュ流にメディア驚嘆」
阿部年晴　一九八一『アフリカの創世神話』紀伊国屋書店。
――　一九八二『アフリカ人の生活と伝統』三省堂。
阿部利洋　二〇〇七『紛争後社会と向き合う――南アフリカ真実和解委員会』京都大学学術出版会。
阿部昌樹　二〇〇二『ローカルな法秩序――法と交錯する共同性』勁草書房。
安藤馨・大屋雄裕　二〇一七『法哲学と法哲学の対話』有斐閣。
飯田順三　二〇一一「千葉・法文化論とアジア」アジア法学会ミニシンポジウム「千葉理論の到達点と課題」(角田猛之代表) 口頭報告。
飯田　高　二〇〇六「集合的サンクションに関する一考察」『法社会学』六五、八－二一頁。
筏津安恕　二〇〇一『私法理論のパラダイム転換と契約理論の再編――ヴォルフ・カント・サヴィニー』昭和堂。
石井洋子　二〇〇七『開発フロンティアの民族誌――東アフリカ・灌漑計画のなかに生きる人びと』御茶の水

書房。

石尾芳久　一九七一『マックス・ウェーバーの法社会学』法律文化社。

石田慎一郎　二〇〇二a「慣習婚は如何にして想起されるか――ケニア・グシイ社会における埋葬訴訟記録の分析」『民族学研究』六七（二）、一三七－一五七頁。

――――　二〇〇二b「戦争の復活と伝承の記述――パプアニューギニア、エンガ州における平和研究の系譜」『社会人類学年報』二八、一〇七－一三二頁。

――――　二〇〇三「寄合のしごと――ケニアにおける首長と長老の紛争処理」宮本勝編『〈もめごと〉を処理する』雄山閣、二八－五一頁。

――――　二〇〇八a「ケニア中央高地ニャンベネ地方における国際開発NGO――ハビタット・フォー・ヒューマニティによる住宅建設支援とローン返済の現状」松園万亀雄・縄田浩志・石田慎一郎編『アフリカの人間開発――実践と文化人類学』明石書店、二二一－二五七頁。

――――　二〇〇八b「書評 Werner Menski, *Comparative law in a global context: the legal systems of Asia and Africa*」『社会人類学年報』三四、二一五－二二二頁。

――――　二〇一四「ケニア中央高地のミラー――イゲンベ地方における嗜好品産業の動員力」落合雄彦編『アフリカ・ドラッグ考――交錯する生産・取引・乱用・文化・統制』晃洋書房、一二九－一六八頁。

――――　二〇一六「グシイの離婚訴訟――一九九七年ならびに一九九八年の事例を中心に」『人文学報』五一二（二）、三七－五七頁。

――――　二〇一七「書評 Fernanda Pirie, *The anthropology of law*」『社会人類学年報』四三、一四五－一五二頁。

石田慎一郎・河村有教　二〇〇九「ロンドン大学東洋アフリカ学院（SOAS）におけるアジア・アフリカ法研究及び教育の動向――ヴェルナー・メンスキー教授との交流を中心に」『コンフリクトの人文学』

一、二五一―二五九頁。
石田慎一郎編　二〇一一『オルタナティブ・ジャスティス――新しい〈法と社会〉への批判的考察』大阪大学出版会。
石部雅亮　一九七八「サヴィニーの家族法論」磯村哲先生還暦記念論文集『市民法学の形成と展開　上』有斐閣、一六九―二〇六頁。
泉　久雄　一九八三「身分法上の契約」『契約』（岩波講座基本法学4）岩波書店、二〇九―二四〇頁。
井上達夫　二〇〇三『普遍の再生』岩波書店。
上田　将　一九七四「ある裁判の記録――妖術事件とムマの儀礼」『アフリカの文化と言語』（月刊言語別冊1）、一三一―一四七頁。
ウェーバー、マックス　一九七四『経済と社会　法社会学』（世良晃志郎訳）、創文社。
ウォーラーステイン、エマニュエル　二〇〇八『ヨーロッパ的普遍主義――近代世界システムにおける構造的暴力と権力の修辞学』（山下範久訳）明石書店。
内田　貴　一九九〇『契約の再生』弘文堂。
内田　樹　二〇〇五『知に働けば蔵が建つ』文藝春秋。
大塚　滋　二〇一五a「「はしがき」に添えて」千葉正士『法文化への夢』信山社、vii―x頁。
――　二〇一五b「最後の千葉正士」角田猛之、ヴェルナー・メンスキー、森正美、石田慎一郎編『法文化論の展開――法主体のダイナミクス』（千葉正士先生追悼）信山社、二一―二九頁。
大塚久雄　一九七八『生活の貧しさと心の貧しさ』みすず書房。
大村敦志　二〇〇二『家族法』（第二版）有斐閣。
大屋雄裕　二〇〇六『法解釈の言語哲学――クリプキから根元的規約主義へ』勁草書房。
岡崎彰・青木人志　二〇一四「人とモノと動物と――アニマルライツの周辺をめぐって」『言語社会』八、一六二―二〇〇頁。

尾﨑一郎　二〇〇六「現代的法機能と秩序」和田仁孝編『法社会学』法律文化社、一七‐三四頁。
――――　二〇一三「法と正義――その親和性と懸隔」『法社会学』七八、六二‐七三頁。
オルテガ・イ・ガセー　一九七一『大衆の反逆』（寺田和夫訳）〔世界の名著五六マンハイム・オルテガ〕中央公論社。
加藤敦典　二〇一一「義のない風景――ベトナムの文学作品にみる法と社会の外がわ」石田慎一郎編『オルタナティブ・ジャスティス――新しい〈法と社会〉への批判的考察』大阪大学出版会、二七九‐三〇二頁。
――――　二〇一六「けんか別れの作法――人類学者が和田法社会学から学ぶこと」西田英一・山本顯治編『振舞いとしての法――知と臨床の法社会学』法律文化社、一七二‐一七五頁。
加藤一郎　一九五七「ドイツにおける婚姻思想の発展」中川善之助ほか編『家族問題と家族法Ⅱ　結婚』酒井書店、一五五‐一七三頁。
加藤　泰　一九八九「『共に生まれたもの』を拒否してはならない――メル族の儀礼的兄弟関係とその神秘力」『東海大学文明研究所紀要』九、一‐一二頁。
――――　二〇〇一『文化の想像力――人類学的理解のしかた』東海大学出版会。
カードーゾ（カドーゾ）、B・N　一九六六『司法過程の性質』（守屋善輝訳）中央大学出版部。
金山直樹　二〇〇四「フランス革命・民法典における契約自由の原則――婚姻と離婚も踏まえて」（一、二・完）『民商法雑誌』一三一（二）、一八三‐二二四頁、一三一（三号）、三七二‐四一七頁。
河合利光　一九七九「法の民族誌」『法社会学』三一、四六‐六一頁。
川島武宜　一九五七（一九五一）「近代的婚姻のイデオロギー――カントの婚姻法理論」『イデオロギーとしての家族制度』岩波書店、二三四‐二五三頁。
川田順造　一九七六『無文字社会の歴史――西アフリカ・モシ族の事例を中心に』岩波書店。
河村有教　二〇一五「グローバル化のアジア法再考――「アイデンティティ法原理」の再定位に向けて」角田

猛之、ヴェルナー・メンスキー、森正美、石田慎一郎編『法文化論の展開――法主体のダイナミクス』（千葉正士先生追悼）信山社、一一七‐一三五頁。

ギアーツ、クリフォード　一九九一『ローカル・ノレッジ――解釈人類学論集』（梶原景昭・小泉潤二・山下晋司・山下淑美訳）岩波書店。

北居　功　二〇一四「法統一のための法典編纂」岩谷十郎・片山直也・北居功編『法典とは何か』慶應義塾大学出版会、一‐二四頁。

北村隆憲　一九八五「法の象徴的側面と劇的過程」東京都立大学法学会雑誌二六（二）、四九五‐五七一頁。

――――　一九九二「法記号論と法人類学」湯浅道夫・小池正行・大塚滋編『法人類学の地平』（千葉正士教授古希記念）成文堂、六九‐七八頁。

――――　二〇一五「法文化と非西欧法の法人類学へ――千葉正士博士の研究点描」角田猛之、ヴェルナー・メンスキー、森正美、石田慎一郎編『法文化論の展開――法主体のダイナミクス』（千葉正士先生追悼）信山社、四九‐七三頁（本論文初出は、フランス語版一九九七年、日本語版二〇一一年）。

木原浩之　二〇一四「英米法における法典化運動」岩谷十郎・片山直也・北居功編『法典とは何か』慶應義塾大学出版会、一三七‐一六二頁。

グッドイナフ、ワード・H　一九七七『文化人類学の記述と比較』（寺岡襄・古橋政次訳）弘文堂。

久保秀雄　二〇〇六「法と文化」和田仁孝編『法社会学』法律文化社、二二九‐二五九頁。

――――　二〇〇九「司法政策と社会調査――ADR運動の歴史的展開をめぐって」鈴木秀光ほか編『法の流通』慈学社、五二九‐五五一頁。

クレイビル、ドナルド・B、スティーブン・M・ノルト、デヴィット・L・ウィーバー‐ザーカー　二〇〇八『アーミッシュの赦し――なぜ彼らはすぐに犯人とその家族を赦したのか』（青木玲訳）亜紀書房。

慶田勝彦　一九九四「ギリアマにおける妖術告発とパパイヤのキラホをめぐる噂」『国立民族学博物館研究報告』一九（二）、三一一―三四八頁。

小泉真理　二〇〇七「グローバリゼーションとしてのペンテコステ主義運動――タンザニアのキリスト教徒たち」阿部年晴・小田亮・近藤英俊編『呪術化するモダニティ――現代アフリカの宗教的実践から』風響社、二六三－二九八頁。
コイデル、アンジェイ　一九九二「千葉正士教授の学問と人柄――海外から見る」（横山實訳）湯浅道夫・小池正行・大塚滋編『法人類学の地平』（千葉正士教授古希記念）成文堂、二五二－二五六頁。
ゴードン、ロバート　二〇〇一「法的現実の解凍――契約法理のイデオロギー性」棚瀬孝雄編『法の言説分析』ミネルヴァ書房、一〇一－一三二頁。
湖中真哉　二〇一九「国家を代替する社会――東アフリカ遊牧社会におけるローカル・インジャスティス」細谷広美・佐藤義明編『グローバル化する〈正義〉の人類学――国際社会における法形成とローカリティ』昭和堂、二三三－二五九頁。
小馬　徹　一九九七「キプシギスの殺人事件から見た民族と国家」神奈川大学人文学研究所編『国家とエスニシティ――西欧世界から非西欧世界へ』勁草書房、一三八－一七九頁（小馬徹『「統治者なき社会」と統治――キプシギス民族の近代と前近代を中心に』〔神奈川大学出版会、二〇一七〕に再録）。
――――　二〇一六「マサイのビーズの腕時計――或いは、ユートピア思想のワクチン」『神奈川大学評論』八三、一八八－一九八頁（小馬徹『「統治者なき社会」と統治――キプシギス民族の近代と前近代を中心に』〔神奈川大学出版会、二〇一七〕に再録）。
齋藤民徒　二〇〇五「国際社会における『法』観念の多元性――地球大の『法の支配』の基盤をめぐる一試論」『社会科学研究』五六（五・六）、一六五－一九五頁。
佐々木重洋　二〇〇〇『仮面パフォーマンスの人類学――アフリカ、豹の森の仮面文化と近代』世界思想社。
佐藤岩夫　二〇〇八「公共性の法社会学――企画趣旨説明」『法社会学』六八、一－一一頁。
椎名智彦　二〇一三「ブライアン・Z・タマナハの法道具主義論を巡って」『青森法政論叢』一四、二一－四四頁。

清水克行　二〇一〇『日本神判史――盟神探湯・湯起請・鉄火起請』中公新書。

シュピオ、アラン　二〇一八『法的人間――法の人類学的機能』（橋本一径・嵩さやか訳）勁草書房。

鈴木敬夫　二〇一五「戦争を犯した法学について――千葉正士教授の「戦時期における小野清一郎・尾高朝雄の法哲学」批判」角田猛之、ヴェルナー・メンスキー、森正美、石田慎一郎編『法文化論の展開――法主体のダイナミクス』（千葉正士先生追悼）信山社、三一―四八頁。

薗　巳晴　二〇〇九「グローバルな状況下における法文化認識へ向けて――千葉正士と安田信之の法文化概念の再考と接合の模索」角田猛之・石田慎一郎編『グローバル世界の法文化――法学・人類学からのアプローチ』福村出版、四七―六四頁。

高野さやか　二〇一五『ポスト・スハルト期インドネシアの法と社会――裁くことと裁かないことの民族誌』三元社。

田中成明　二〇〇〇『転換期の日本法』岩波書店。

――　二〇一八『法の支配と実践理性の制度化』有斐閣。

棚瀬孝雄　一九八八『本人訴訟の審理構造――私的自治の裁判モデル』弘文堂。

――　一九九九「関係的契約論と法秩序観」棚瀬孝雄編『契約法理と契約慣行』弘文堂、一―七五頁。

タマナハ、ブライアン・Z　二〇一六「開発における法の支配とリーガルプルーラリズム」（石田慎一郎・村上武則訳）『ノモス』三九、四三―五九頁。

ターンブル、コリン・M　一九七五『ローンリー・アフリカン』（佐藤佐智子訳）白日社。

千葉正士　一九四九『人間と法――法主体の一考察』丁子屋書店。

――　一九五二―一九五三「法体系・法秩序と法の構造（１）（２）」『季刊法律学』一三、一七―五一頁、一四、二九―三八頁（標題変更して『法と紛争』に再録）。

――　一九六九『現代・法人類学』北望社。

――　一九八〇『法と紛争』三省堂。

―― 一九八三「国家法体系に対する固有法浸透の通路」『アジア経済』二四（一二）、二―一二頁（標題変更して『法文化のフロンティア』付論に再録）。

―― 一九八五a「多元的法体制におけるフォークロー――法人類学の課題」『思想』七二七、一〇四―一二四頁（標題変更して『法文化のフロンティア』付論に再録）。

―― 一九八五b「アイデンティティ法原理――法文化の法哲学的基礎を求めて」『法の理論』五、一―二五頁（標題変更して『法文化のフロンティア』9章に再録）。

―― 一九八八『法社会学――課題を追う』成文堂。

―― 一九九一『法文化のフロンティア』成文堂。

―― 一九九五「法の主体的意義――法主体論終章稿」『法の理論』一五、一五―三八頁（標題変更して『アジア法の多元的構造』2章に再録）。

―― 一九九六「法文化の操作的定義」『東海法学』一六、一―二七頁（標題変更して『アジア法の多元的構造』3章に再録）。

―― 一九九八『アジア法の多元的構造』成文堂。

―― 一九九九「法文化論の前進のために――角田論文に応じて」『法の理論』一八、二二七―二四一頁。

―― 二〇〇一『スポーツ法学序説』信山社。

―― 二〇〇三「法文化論争から新法学への期待」『法の理論』二二、二九一―三〇一頁。

―― 二〇一五『法文化への夢』信山社。

千葉正士編　一九七四『法人類学入門』弘文堂。

千葉正士・北村隆憲　一九八八「法の象徴的機能研究とガスフィールドの意義」『法律時報』六〇（一〇）、七二―七五頁。

角田猛之　一九九九「千葉・法文化論における法哲学・法思想史ファクター」『法の理論』一八、二〇五―二二六頁（角田猛之『戦後日本の〈法文化の探求〉――法文化学構築にむけて』（関西大学出版部、

――――二〇一〇年）に再録）。

――――二〇〇三『法文化の探求――法文化比較にむけて』〔補訂版〕法律文化社。

――――二〇〇八「二〇〇八年度・日本法社会学会学術大会ミニシンポジウム④『法文化への学際的アプローチ――比較法文化学の構築にむけて』（二〇〇八年五月一〇日、神戸大学）紹介」『関西大学法学論集』五八（四）、六七四－七五五頁。

――――二〇〇九「千葉・法文化論再考――アイデンティティ法原理を中心として」角田猛之・石田慎一郎編『グローバル世界の法文化――法学・人類学からのアプローチ』福村出版、一九－四五頁。

――――二〇一四「ロンドン大学東洋アフリカ学院ロースクールにおける「アジア・アフリカの法体系」講義（二〇一一－二〇一二年）の紹介――ヴェルナー・メンスキー教授の講義資料を中心にして」『関西大学法学論集』六三（六）、三一〇－四七九頁。

――――二〇一五a「あとがき」千葉正士『法文化への夢』信山社、三六一－三七三頁。

――――二〇一五b「法文化のフロンティア・千葉正士――千葉正士先生追悼プロジェクト」（一）（二）（三・完）『関西大学法学論集』六四（五）、二七六－三三五頁、六四（六）、一九八－二五七頁、六五（一）、二六三－三二四頁。

――――二〇一五c「千葉正士の「総合比較法学」の構想と法の多元性に着目した法学教育の提唱――晩年のいくつかの日本語論文に依拠して」角田猛之、ヴェルナー・メンスキー、森正美、石田慎一郎編『法文化論の展開――法主体のダイナミクス』（千葉正士先生追悼）信山社、七七－九五頁。

――――・石田慎一郎　二〇一五「序論」角田猛之、ヴェルナー・メンスキー、森正美、石田慎一郎編『法文化論の展開――法主体のダイナミクス』（千葉正士先生追悼）信山社、三－一八頁。

――――、ヴェルナー・メンスキー、森正美、石田慎一郎編　二〇一五『法文化論の展開――法主体のダイナミクス』（千葉正士先生追悼）信山社。

デリダ、ジャック　一九九九『法の力』（堅田研一訳）法政大学出版局。

――――　二〇一五『赦すこと――赦し得ぬものと時効にかかり得ぬもの』（守中高明訳）未来社。

ドゥネス、アントニィ・W／ロバート・ローソン編　二〇〇四『結婚と離婚の法と経済学』（太田勝造監訳）木鐸社。

長島信弘　一九八七『死と病の民族誌――ケニア・テソ族の災因論』岩波書店。

中林伸浩　一九九一a「アフリカの宗教とキリスト教」『アフリカ研究』三八、一一五―一三一頁。

――――　一九九一b『国家を生きる社会――西ケニア・イスハの氏族』世織書房。

ニャムンジョ、フランシス　二〇一六「フロンティアとしてのアフリカ、異種結節装置としてのコンヴィヴィアリティ――不完全性の社会理論に向けて」（楠和樹・松田素二訳）松田素二・平野美佐編『紛争をおさめる文化――不完全性とブリコラージュの実践』京都大学学術出版会、三一一―三四七頁。

ノネ、フィリップ、フィリップ・セルズニック　一九八一『法と社会の変動理論』（六本佳平訳）岩波書店。

長谷川貴陽史　二〇〇八「公共性の法社会学――序論的考察」『法社会学』六八、一二一―一二四頁。

長谷川晃　二〇一二「法のクレオールと法的観念の翻訳」長谷川晃編『法のクレオール序説――異法融合の秩序学』北海道大学出版会、一―三二頁。

長谷川晃編　二〇一二『法のクレオール序説――異法融合の秩序学』北海道大学出版会。

ハート、H・L・A　二〇一四『法の概念』（長谷部恭男訳）、ちくま学芸文庫。

馬場　淳　二〇〇九「法文化の発明とポジショナリティ――統合と多様性の間でたゆたうパプアニューギニアを事例にして」角田猛之・石田慎一郎編『グローバル世界の法文化――法学・人類学からのアプローチ』福村出版、一〇九―一二九頁。

――――　二〇一二『結婚と扶養の民族誌――現代パプアニューギニアの伝統とジェンダー』彩流社。

――――　二〇一四『この子は俺の未来だ――パプアニューギニア&ケニア〈つながり〉の人類学』佼成出版社。

――――　二〇一五「千葉理論における人権と文化」角田猛之、ヴェルナー・メンスキー、森正美、石田慎一郎編『法文化論の展開――法主体のダイナミクス』（千葉正士先生追悼）信山社、一三七―一五三頁。

浜本　満　一九九六「差異のとらえかた――相対主義と普遍主義」清水昭俊編『思想化される周辺世界』岩波書店、六九―九六頁。

――――　二〇一四『信念の呪縛――ケニア海岸地方ドゥルマ社会における妖術の民族誌』九州大学出版会。

早川吉尚　二〇〇四「紛争処理システムの権力性とADRにおける手続きの柔軟化」早川吉尚・山田文・濱野亮編『ADRの基本的視座』不磨書房、三―二〇頁。

バーンズ、ジョン・A　一九八一「ニューギニア高地におけるアフリカン・モデル」（笠原政治訳）村武精一編『家族と親族』未来社、一一六―一三四頁。

広渡清吾　二〇〇四「『法の比較』についての再考――比較法社会論のための覚書」『社会科学研究』五五（五・六）、二七三―三一五頁。

深川宏樹　二〇一六「敵と結婚する社会――ニューギニア高地における紛争の拡大と収束の論理」丹羽典生編『〈紛争〉の比較民族誌――グローバル化におけるオセアニアの暴力・民族対立・政治的混乱』春風社、一三七―一七〇頁。

ブラウ、ピーター・M　一九七四『交換と権力――社会過程の弁証法社会学』（間場寿一・居安正・塩原勉訳）新曜社。

プレスリー、コーラ・アン　一九九九『アフリカの女性史――ケニア独立闘争とキクユ社会』（富永智津子訳）未来社。

ベンヤミン、ヴァルター　一九九四『暴力批判論　他十篇』（野村修編訳）岩波文庫。

ポスピシル、レオポルド　一九七四「法の四属性」千葉正士編訳『法人類学入門』弘文堂。

穂積陳重　一九八二『復讐と法律』岩波文庫。

ホーベル、E・アダムソン　一九八四『法人類学の基礎理論――未開人の法』（千葉正士・中村孚美訳）成文堂。

マイナ・ワ・キニャティ　一九九二『マウマウ戦争の真実——埋もれたケニア独立前史』（宮本正興監訳、楠瀬圭子・砂野幸稔・峯陽一訳）第三書館。

松島裕一　二〇一〇「法律は一般的でなければならない——アリストテレスとシュミットを手がかりに」仲正昌樹編『近代法とその限界』御茶の水書房、三一五—三三七頁。

松園万亀雄　一九七九「グシイの葬礼——二元的人間属性と社会的距離の分析」『アフリカ研究』一八、七一—八三頁。

——　一九八三「ケニアの法体系とグシイ族の離婚裁判（一九五〇年代）」『民族学研究』四八（二）、一九九—二一〇頁。

——　一九八七「父系集団における子孫獲得の方法について」『人文学報』一九五、一—一五頁。

——　一九八八「子の監護と婚資返却——グシイにおける離婚訴訟の分析」『国立民族学博物館研究報告』一三（四）、八〇七—八五六頁。

——　一九九一『グシイ——ケニア農民のくらしと倫理』弘文堂。

——　一九九九「農耕社会の家族と親族」川田順造編『アフリカ入門』新書館、二三五—二四六頁。

松本暉男　一九五七「近代フランスにおける婚姻思想の系譜」中川善之助ほか編『家族問題と家族法Ⅱ　結婚』酒井書店、一〇三—一三〇頁。

マパウレ、クレヴァー　二〇一五「アフリカの千葉正士——アフリカ法の文脈における千葉法学の重要性」（石田慎一郎訳）角田猛之、ヴェルナー・メンスキー、森正美、石田慎一郎編『法文化論の展開——法主体のダイナミクス』（千葉正士先生追悼）信山社、二三五—二六五頁。

マリノフスキー、ブロニスラフ　一九六七『未開社会における犯罪と慣習　付文化論』（青山道夫訳）新泉社。

三浦　徹　二〇〇四「当事者の世界と法廷の世界——イスラーム法における契約」三浦徹・岸本美緒・関本照夫編『比較史のアジア——所有・契約・市場・公正』東京大学出版会、一一三—一四〇頁。

三木　清　一九五四「怒について」『人生論ノート』新潮文庫、五一‐五七頁。
宮澤節生　二〇〇三「千葉正士会員が法と社会学会国際賞を受賞」『日本法社会学会学会報』六五号。
宮本　勝編　二〇〇三『〈もめごと〉を処理する』雄山閣。
ムビティ、ジョン・S　一九七〇『アフリカの宗教と哲学』（大森元吉訳）法政大学出版局。
メンスキー、ヴェルナー　二〇一五「グローバルな規模で最も妥当性を有する刺激物としての多元的法体制――MM v. POP」（角田猛之・木村光豪訳）角田猛之、ヴェルナー・メンスキー、森正美、石田慎一郎編『法文化論の展開――法主体のダイナミクス』（千葉正士先生追悼）信山社、一五五‐一八九頁。
モース、マルセル　二〇一四『贈与論』（森山工訳）岩波文庫。
森　正美　二〇〇九「フィリピン・ムスリム社会における多元的法体制と法実践の交渉――パラワン島南部のバランガイにおける婚姻手続き過程」角田猛之・石田慎一郎編『グローバル世界の法文化――法学・人類学からのアプローチ』福村出版、一三一‐一五四頁。
守中高明　二〇一五「不‐可能なることの切迫――来るべき赦しの倫理学のために」ジャック・デリダ『赦すこと――赦し得ぬものと時効にかかり得ぬもの』守中高明訳、未来社。
安田信之　一九九七「千葉正士の「三つのダイコトミー」と「アイデンティティ法原理」」『法律時報』六九（一〇）、一二四‐一二五頁。
山田　亨　二〇〇七「アメリカ法人類学における現代的動向――法と市民生活との乖離をめぐる議論を中心に」『社会人類学年報』三三、一一九‐一三五頁。
山本顯治　二〇〇六「法主体のゆくえ」『法社会学』六四、一‐一一頁。
ヤーン、ヤンハインツ　一九七六『アフリカの魂を求めて』（黄寅秀訳）せりか書房。
与那国暹　一九九七『ウェーバーにおける契約概念――契約思想の根源をさぐる』新泉社。
ライルズ、アナリース　二〇一五「推薦の言葉」角田猛之、ヴェルナー・メンスキー、森正美、石田慎一郎編

『法文化論の展開——法主体のダイナミクス』（千葉正士先生追悼）信山社ⅷ頁。

リーチ、エドマンド　一九八五　『社会人類学案内』（長島信弘訳）岩波書店。

レヴィ＝ストロース、クロード　二〇〇〇『親族の基本構造』（福井和美訳）青弓社。

レリス、アントワーヌ　二〇一六『ぼくは君たちを憎まないことにした』（土居佳代子訳）ポプラ社。

ローゼン、ローレンス　二〇一一『文化としての法——人類学・法学からの誘い』（角田猛之・石田慎一郎監訳）福村出版。

若松良樹　二〇〇三「人権の哲学的基礎」『ジュリスト』一二四四、六—一二頁。

鷲田清一　二〇〇六『「待つ」ということ』角川学芸出版。

和田仁孝　一九九一『民事紛争交渉過程論』信山社。

———　一九九四「裁判モデルの現代的変容」棚瀬孝雄編『現代法社会学入門』法律文化社、一二九‐一五七頁。

外国語文献

Abdullahi, A.M. 1999. Burial disputes in modern Kenya: African customary law in a judicial conundrum. Nairobi: University of Nairobi.
Allott, A.N. 1960. *Essays in African law: with special reference to the law of Ghana.* London: Butterworth.
Allott, A.N. 1965. The future of African law, in *African law: adaptation and development,* edited by H. Kuper and L. Kuper. Berkeley: University of California Press, 216-240.
Allott, A.N. 1968. Introduction. In *Restatement of African law. Volume 1: the law of marriage and divorce,* by E. Cotran. London: Sweet and Maxwell, vii-ix.
Barkun, M. 1968. *Law without sanctions: order in primitive societies and the world community.* New Haven: Yale University Press.

Brown, D. 1966. The award of compensation in criminal cases in East Africa. *Journal of African Law,* 10(1): 33-39.

Chanock, M. 1985. *Law, custom, and social order: the colonial experience in Malawi and Zambia.* Cambridge: Cambridge University Press.

Chiba, M. 1986. Conclusion, in *Asian indigenous law: in interaction with received law,* edited by M. Chiba. London: KPI, 378-394.

Chiba, M. 1989. *Legal pluralism: toward a general theory through Japanese legal culture.* Tokai University Press.

Chiba, M. 2002. *Legal cultures in human society: a collection of articles and essays.* Shinzansha International.

Colson, E. 1974. *Tradition and contract: the problem of order.* Aldine.

Comaroff, J.L., and Roberts, S. 1981. *Rules and processes: the cultural logic of dispute in an African context.* University of Chicago Press.

Coldham, S. 2000. Criminal justice policies in commonwealth Africa: trends and prospects. *Journal of African Law,* 44(2): 218-238.

Conley, J.M., and O'Barr, W.M. 1998. *Just words: law, language, and power.* University of Chicago Press

Cotran, E. 1968. *Restatement of African law. Volume 1: the law of marriage and divorce.* London: Sweet and Maxwell.

Cotran, E. 1969a. *Restatement of African law. Volume 2: the law of succession.* London: Sweet and Maxwell.

Cotran, E. 1969b. Tribal factors in the establishment of the East African legal systems, in *Tradition and transition in East Africa,* edited by P.H. Gulliver. Berkley: University of California Press, 127-146.

Donovan, J.M. 2008. *Legal anthropology: an introduction.* Lanham: AltaMira Press.

Elias, T.O. 1956. *The nature of African customary law*. Manchester: Manchester University press.

Fallers, L.A. 1969. *Law without precedent: legal ideas in action in the courts of colonial Busoga*. Chicago: University of Chicago Press.

Feest, J. 2003. Book Review: Chiba Masaji, *Legal Cultures in Human Society*, RCSL Newsletter, Winter 2003: 4.

Firth, R.W. 1936. The bond-friendship in Tikopia. Buxton, L.H. Dudley ed. Custom is King. Hutchinson.

Ghai, Y.P. and McAuslan, J.P.W.B. 1970. *Public law and political change in Kenya: a study of the legal framework of government from colonial times to the present*. Nairobi: Oxford University Press.

Gluckman, M. 1955. *The judicial process among the Barotse of Northern Rhodesia*. Manchester: Manchester University Press.（新章を加えた第二版は一九六七年刊。結論章の全訳は千葉編 一九七四に所収）

Gluckman, M. 1961. Ethnographic data in British social anthropology. *Sociological Review* 9(1): 5-17. (Evans, T.M.S. and Don Handelman eds., *The Manchester school: practice and ethnographic praxis in anthropology*. New York: Berghahn Books, 2006 に再掲)

Gluckman, M. 1963. The reasonable man in Barotse law. In *Order and rebellion in tribal Africa*. London: Cohen and West.（初出は一九五五年から一九五六年にかけて *Journal of African Administration* に連載）

Gluckman, M. 1965 *The ideas in Barotse jurisprudence*. Manchester: Manchester University Press.

Goodale, M. 2017. *Anthropology and law: a critical introduction*. New York: New York University Press.

Goody, J. 1973. Bridewealth and dowry in Africa and Eurasia, in *Bridewealth and dowry*, by J. Goody and S.J. Tambiah. Cambridge: Cambridge University Press, 1-58.

Greenhouse, C. 1986. *Praying for justice: faith, order and community in an American town*. Ithaca: Cornel University Press.

Hakansson, T. 1988. *Bridewealth, women and land: social change among the Gusii of Kenya.* Stockholm: Almqvist & Wiksell.

Himonga, C. 2011. The future of living customary law in African legal systems in the twenty-first century and beyond, with special reference to South Africa, in *The future of African customary law,* edited by J. Fenrich, P. Galizzi and T.E. Higgins eds. Cambridge: Cambridge University Press, 31-57.

Hinz, M.O. and Kwenani, J.W. 2006. The ascertainment of customary law, in *The shade of new leaves. Governance in traditional authority: a Southern African perspective,* edited by M.O. Hinz. Berlin: Lit Verlag, 203-214.

Ishida, S. 2008. Contemporary agriculture in Nyambene district, in *The indigenous knowledge of the Ameru of Kenya* (second edition), edited by N. Gîchere and S. Ishida. Meru: Meru Museum, 121-146.

Ishida, S. 2010. Legal pluralism and human rights in a Kenyan court: an analysis of dowry claim cases, in *In search of justice and peace: traditional and informal justice systems in Africa,* edited by M.O. Hinz in cooperation with C. Mapaure. Windhoek: Namibia Scientific Society, 133-166.

Ishida, S. 2014. Egalitarian conflict management among the Îgembe of Kenya. *African Study Monographs,* Supplementary issue 50: 73-102.

Ishida, S. 2017. Homicide compensation in an Îgembe community in Kenya, 2001–2015: fifteen years of clan making in a local context. *African Study Monographs,* 38(4): 173-220.

Ishida, S. 2018. For a man who never dies and who eats his own: revival of clan in local communities of the Îgembe in Kenya. *The Journal of Social Sciences and Humanities,* 514-2: 65-98.

Llewellyn, K.N. and Hoebel, E.A. 1941 *The Cheyenne way: conflict and case law in primitive jurisprudence.* University of Oklahoma Press.

Macneil, I.R. 1980. *The new social contract: an inquiry into modern contractual relations.* Yale University Press.

Mann, K. and Roberts, R. eds. 1991. *Law in colonial Africa.* Portsmouth: Heinemann.

Marett, R.R. 1933. *Sacraments of simple folk.* Clarendon press.

Matata, G. 2000. No peace unless dowry is paid. *The lawyer* (published by Legal Media Limited in Nairobi), 23: 10-11.

Mayer, P. and Mayer, I. 1965. Land law in the making, in *African law: adaptation and development,* edited by H. Kuper and L. Kuper. Berkeley: University of California Press, 51-78.

Meggitt, M. 1965. *The lineage system of the Mae-Enga of New Guinea.* London: Oliver & Boyd.

Menski, W. 2006. *Comparative law in a global context: the legal systems of Asia and Africa* (2nd ed.). Cambridge University Press.

Menski, W. 2009. Flying kites in a globalising sky and dodgy weather forecasts: accommodating ethnic minority laws in the UK, Paper for the international symposium 2009 at Tokyo University of Foreign Studies, *Crossing borders and boundaries: towards transnational/transcultural comparative area studies,* 14/15 February 2009.（柏崎正徳訳「グローバル化の空に揺れる凧、不安定な天気予報——エスニック・マイノリティの法をイギリスで適用する」多言語多文化二号二六－四四頁、二〇〇九年）

Menski, W. 2011. Islamic law in British courts: do we not know or do we not want to know? in Jane Mair and Esin Őrűcű eds. *The Place of Religion in Family Law: A Comparative Search,* Intersentia.（石田慎一郎訳「イギリスの裁判所におけるイスラーム法——法の多元性をめぐる無知と無視について」マイノリティ研究六号二七－四〇頁、二〇一二年）

Moore, S.F. 1986. *Social facts and fabrications: "customary" law on Kilimanjaro, 1880-1980.* Cambridge:

Cambridge University Press.

Moore, S.F. 1989. History and the redefinition of custom on Kilimanjaro, in *History and power in the study of law: new directions in legal anthropology,* edited by J. Starr and J.F. Collier. Ithaca: Cornell University Press, 277-301.

Moore, S. F. 2001. Certainties undone: fifty turbulent years of legal anthropology, 1949-1999. *Journal of Royal Anthropological Institute* (N.S.) 7: 95-116.

Mushanga, T.M. 2011. *Homicide and its social causes.* Nairobi: Law Africa Publishing.

Nader, L. 2002. *The life of the law: anthropological project.* Berkeley: University of California Press.

Njũgũna, G., Mûgambi M.S.A., and Ishida, S. eds. 2014. *Culture in peace and conflict resolution within communities of central Kenya.* Nairobi: National Museums of Kenya.

Njũgũna, G., Mûgambi M.S.A., and Ishida, S. eds. 2016. *The indigenous knowledge of the Amĩĩrrû of Kenya.* Nairobi: University of Nairobi Press.

Nyang'era, N.K. 1999. *The making of man and woman under Abagusii customary laws.* Kisii: Dal-Rich Printers.

Ochich, G.O. 2011. The withering province of customary law in Kenya: a case of design or indifference? in *The future of African customary law,* edited by J. Fenrich, P. Galizzi and T.E. Higgins eds. Cambridge: Cambridge University Press, 103-128.

Okoth-Owiro, A. 1989. The burial law of Kenya: do we need a statute? In *S.M. Otieno case: death and burial in modern Kenya,* edited by Ojwang, J.B. and Mugambi, J.N.K. Nairobi: Nairobi University Press, 116-126.

Okoye, A. O. 2004. The rule of law and sociopolitical dynamics in Africa, in *Human rights, the rule of law and development in Africa,* edited by P.T. Zeleza and P.J. McConnaughay. Philadelphia:

University of Pennsylvania Press, 71-80.

Pirie, F. 2013. *The anthropology of law*. Oxford University Press.

Pospíšil, L. 1971. *Anthropology of law: a comparative theory*. Harper & Row.

Radcliffe-Brown, A.R. 1940. On joking relationships. *Africa* 13.

Riles, A. 2015. From comparison to collaboration: experiments with a new scholarly and political form, *Law and Contemporary Problems* 78 (1 & 2): 147-183.

Riles, A. 2011. *Collateral knowledge: legal reasoning in the global financial market*. University of Chicago Press.

Ringera, A. G. 2003. *Report of the integrity and anti-corruption committee of the judiciary of Kenya* (Ringera report). Nairobi: Government of Kenya.

Rosen, L. 1978. Law and social change in the new nations. *Comparative Studies in Society and History* 20 (1): 3-28.

Santos, B de S. 1987. Law as a map of misreading: toward a post-modern conception of law. *Journal of Law and Society* 14: 279-302.

Shack, W.A. 1963. Religious ideas and social action in Gurage bond-friendship. *Africa* 33.

Shadle, B. 1999. 'Changing traditions to meet current altering conditions': customary law, African Courts and the rejection of codification in Kenya, 1930-60. *Journal of African History* 40 (3), 411-431.

Shah, P. 2005. *Legal pluralism in conflict: coping with cultural diversity in law*, Glasshouse.

Starr, J. and Collier, J.F. 1989 Introduction: dialogues in legal anthropology, in *History and power in the study of law: new directions in legal anthropology*, edited by J. Starr and J.F. Collier. Ithaca: Cornell University Press, 1-28.

Turner, V. W. 1957. *Schism and continuity in an African society: a study of Ndembu village life*.

Manchester: Manchester University Press.

Twining, W. 1964. *The place of customary law in the national legal systems of East Africa.* Chicago: The Law School, The University of Chicago.

Ubink, J. 2011. The quest for customary law in African state courts, in *The future of African customary law,* edited by J. Fenrich, P. Galizzi and T.E. Higgins eds. Cambridge: Cambridge University Press, 83-102.

Vincent, J. 1989. Contours of change: agrarian law in colonial Uganda, in *History and power in the study of law: new directions in legal anthropology,* edited by J. Starr and J.F. Collier. Ithaca: Cornell University Press, 153-167.

Wanjara, S. 1989. The relevance and position of customary law in Kenya' s legal system. *Law and anthropology.* 4: 141-151.

White, L. 1990. Bodily fluids and usufruct: controlling property in Nairobi. *Canadian Journal of African Studies.* 24(3).

White, L. 1994. Blood brotherhood revisited: kinship, relationship, and the body in East and Central Africa. *Africa* 64(3).

Wissner, P. and Tumu, A. 1998. *Historical vines: Enga networks of exchange, ritual and warfare in Papua New Guniea.* Washington DC: Smithsonian Institution.

Wissner, P. and Tumu, A. 2013. Beyond *bilas*: the Enga Take Anda. (Association for Social Anthropology in Oceania 2012 distinguished lecture) *Oceania* 83(3): 265-280.

Wissner, P. (in collaboration with Tumu, A. and Pupu, N.) 2016. *Enga culture and community: wisdom from the past.* Wabag: Enga Provincial Government and Tradition and Transition Fund.

Yilmaz, I. 2005. *Muslim laws, politics and society in modern nation states: dynamic legal pluralism in*

England, Turkey and Pakistan, Ashgate.

Zenker, O. and Hoehne, M.V. 2018. Processing the paradox: when the state has to deal with customary law, in *The state and the paradox of customary law in Africa,* edited by O. Zenker and M.V. Hoehne. London: Routledge, 1-40.

あとがき

私はいわゆる団塊ジュニア世代で、なにかと時代のせいにしてきた。見えない相手との競争を折々に経験し、勝っても負けても相手が見えず、目標達成できれば心穏やかにひとり満足してきた。イゲンべの人びとは、そのような自己完結を危険視している。

二〇一六年、調査地イゲンベ地方のある集落で、立て続けに災いが生じた。集落のなかに危険な呪物を所持している者がいる、というのが人びとの見立てだった。長老たちは宣言した。心当たりのある者は、期日までに呪物を引き渡すべし。さもなければ呪詛の標的となる、と。するると、期日までに、自らの意思で「呪物」を持参した者たちがいた。そのうち三〇代前半の男は、家具製作で生計を立てている。彼が引き渡した「呪物」は、幸運をもたらすというネックレスで、商売繁盛を祈念して町で買ったものだ。彼曰く、身に着けてから多くの客を獲得できた。だが、それは同業者から客を奪ったことの裏返しだ。そう考えて恐ろしくなった。彼は、長老たちの宣言を聞き、ネックレスを手放すことにした。予定された呪詛は実施された。危険な呪物を隠し持つ者が、ほかにも潜んでいるはずだからだ。

イゲンベ地方の人びとは、目の前の相手にも、見えない他人にも、そして自分自身にも内省を求める。感情にまかせて目の前の相手を非難することもあるが、それでは根本的解決に至らない。誰しも自ら反省し、自己を他者に開くときが必ずやってくる。そう確信しているようだ。私自身、調査地で自分本位のふるまいを晒してきたが、誰も面と向かって私を非難したことがない。人びとは、そのとき——私が真に内省するとき——まで待っているのか。

呪術師ルコイは、内省し、生まれかわろうとする人間の姿を幾度も目にしてきた。彼が呪った名の知れぬ標的が、ほどなくして名乗り出て、自らの非を認め、呪いを解くよう懇願する様を目にしてきた。手遅れで命を落とした者がいることも知っている。

先日、呪いが的中し、いよいよ盗みの罪を告白した男の治療に出かけるルコイに同伴する機会を得た。二〇一九年八月一〇日、その男は小刻みに震えていた。私は、いまも呪物や呪詛の力を信じてはいない。だが、この男の心身に生じた異変と恐怖心は現実のものだった。

社会を育むうえで、そして法を育むうえで真に必要なのは、自己を他者にぶつける討論よりも、自己を他者に開く態度としての待つこと、そして内省である。そう考えることを私はイゲンベの農村で学びつつある。つまりこれは時期尚早かもしれない。私は、現時点で理解することを一書にまとめるタイミングが来たと、ただ自分勝手に承知している。

本書は、文化人類学・法社会学・地域研究（アフリカとオセアニア）の世界で出会った師・先輩・学友、勤務先の同僚、国内外の友人、そして家族からの助言と支援を得て進めた研究成果の一部である。科学研究費補助金、大阪大学グローバルCOEプログラムの研究助成、首都大学東京の研究費、国立民族学博物館・中央大学・関西大学・成蹊大学・日本学術振興会ナイロビ研究連絡センター・ケニア国立博物館からの有形無形の支援、そして本書各章のもとになった原稿に数々の助言を賜り、本書への転載をお認めくださった編者の先生方と出版社の厚意で可能となったものである。刊行にあたっては、長谷川貴陽史先生と勁草書房の鈴木クニエさんのお力添えを得た。そして、すべては自分の身勝手を重ねて進めた研究の成果である。

末筆ながら、私の師匠である松園万亀雄先生と棚橋訓先生、そして両親・妻子に最大限の謝辞を述べたい。慶應義塾大学民族学考古学研究室に、東京都立大学・首都大学東京社会人類学研究室に、そしてイゲンベ地方に、身を置いて学ぶことができた／できている、この恵まれた境涯に感謝している。

私は、授かったもののうちわずかしか気づいておらず、しかも不正確に理解してしまっているはずだ。いつそのときがやってくるか、いまはわからずにいる。

二〇一九年八月一九日　イゲンベ地方マウア町にて

石田慎一郎

初出一覧

本書各章の初出は左記のとおりである。本書に再掲するのにあたって、必要な加筆修正をおこなった。

はじめに　書き下ろし。

第一章　待つことを知る社会の正義——オルタナティブ・ジャスティスの人類学
二〇一九「待つことを知る社会の正義——東アフリカ民族誌からのオルタナティブ・ジャスティス論」細谷広美・佐藤義明編『グローバル化する正義の人類学——国際社会における法形成とローカリティ』昭和堂。

第二章　個を覆い隠す社会——イゲンベ地方の紛争処理における平等主義と非人格性
二〇一六「ケニア中央高地イゲンベ地方の紛争処理における平等主義と非人格性」松田素二・平野美佐編『紛争をおさめる文化——不完全性とブリコラージュの実践』京都大学学術出版会。

第三章　人間的法主体から社会的法主体へ——リーガル・プルーラリズムの人類学
二〇一六「千葉法学における法主体・固有法・法文化の概念」『アジア法研究』九。

第四章　アフリカ法の柔軟性と確定性——イゲンベ地方の婚資請求訴訟の分析から
次の論考の一部を再掲。
二〇〇九「法文化研究における社会人類学者の役割——アフリカ慣習法の柔軟性と確定性をめぐって」角田猛之・石田慎一郎編『グローバル世界の法文化——法学・人類学からのアプローチ』福村出版。

第五章　人と人との絆を律する法——身分契約の人類学
二〇一〇「身分契約の人類学——人と人との絆を律する法」仲正昌樹編『近代法とその限界』御茶の水書房。
第六章　アフリカ法の形式主義と反形式主義——グシイ慣習婚の成立要件をめぐって
次の論考の一部を再掲。
二〇〇二「慣習婚は如何にして想起されるか——ケニア・グシイ社会における埋葬訴訟記録の分析」『民族学研究』六七（二）。
二〇〇三「寄合のしごと——ケニアにおける首長と長老の紛争処理」宮本勝編『〈もめごと〉を処理する』雄山閣。
二〇〇六「紛争過程分析における千葉理論の所在——法規則・法前提のダイコトミーをめぐる方法論的提言」『法社会学』六四。
第七章　法と人間——法人類学総説
二〇一八「法と人間」桑山敬己・綾部真雄編『詳論 文化人類学』ミネルヴァ書房。
二〇一八「超人間的法を求める社会そして人間への警告——人間化する技術としての法をとりもどす」『図書新聞』三三六二。
第八章　法と政治——もうひとつのパラドクス
二〇一九「法と政治——争論の民族誌から法の人類学へ」松本尚之・佐川徹・石田慎一郎・大石高典・橋本栄莉編『アフリカで学ぶ文化人類学』昭和堂。
おわりに　書き下ろし。

ワ　行

マ　行

ヤ　行

ラ　行

サ　行

タ　行

ナ　行

ハ　行

索　引

著者略歴

1974年生まれ。1998年、慶應義塾大学文学部民族学考古学専攻卒業。2005年、東京都立大学大学院社会人類学専攻博士課程修了。博士（社会人類学）。大阪大学人間科学研究科特任助教を経て、首都大学東京（2020年４月から東京都立大学）人文科学研究科准教授。専門は社会人類学。編著に『オルタナティブ・ジャスティス――新しい〈法と社会〉への批判的考察』（大阪大学出版会、2011年）などがある。

人を知る法、待つことを知る正義
東アフリカ農村からの法人類学

2019年11月25日　第１版第１刷発行

著　者　石《いし》　田《だ》　慎《しん》　一《いち》　郎《ろう》

発行者　井　村　寿　人

発行所　株式会社　勁《けい》　草《そう》　書　房

112-0005　東京都文京区水道2-1-1　振替　00150-2-175253
（編集）電話　03-3815-5277／FAX　03-3814-6968
（営業）電話　03-3814-6861／FAX　03-3814-6854
堀内印刷所・松岳社

ISBN978-4-326-65423-9　Printed in Japan